# 창세기와 홍수심판
## GENESIS AND FLOOD JUDGEMENT

천지창조 144시간!
방주 속의 생존 비밀?

윤세웅 리처드 박사

쿰란출판사

# Genesis and Flood Judgement

## Creation in **144** hours!
## **Survival** means in the **Ark**

by Richard Sei Oung Yoon. M.D., Th.D., D.D.

## 저자의 글

정확무오한 하나님의 말씀 성경은 예나 지금이나 변함이 없지만 우리들의 신학과 신앙 노선은 시간의 흐름에 따라 변화되고 변질되어 세속화되어 감을 본다.

전통 보수적인 신학, 신앙 노선이란 조물주 하나님의 말씀인 성경적인 사실을 성령님의 조명으로 그대로 이해하고 소화하고 배출하는 것이라고 생각한다. 보고 듣지도 못했던 창세전의 일과 노아 홍수 심판 이전에 일어났던 사실을 성령님의 도움으로 성경을 통해 이해하고 깨닫게 됨을 감사하며, 성경의 기반이 우리 기독교인들의 근간과 지표가 되기를 바라면서 이 책을 집필했다.

다른 신학자나 저술자의 도움을 인용하지 않은 저자의 신학 노선에서 서술된 것이기에 새로운 신학 용어들을 구상하여 하나님의 뜻들을 풀이해 보았다. 또 현대과학, 의학, 문명의 도움으로 현시대에 맞게끔 이해 서술하였으나 후세에 더 타당하고 성서적인 해석이 나오면 저자는 거기에 수렴코자 한다.

성령님의 조명하심이 독자들에게 충만하시기를 기원하며 성삼위 조물주 하나님과 편집을 도와주신 이들에게 감사드린다.

2024년 2월 뉴욕에서
훼이스신학교·뉴욕신학대학교 총장
신학박사, 의학박사 윤세웅 목사

## 편집인의 글

저자 훼이스신학교, 뉴욕신학대학교 총장 윤세웅 박사는 목사이며 신학박사이자 의학박사로서 외과 전문의, 비뇨기과 전문의이며, 법의학 전문의, 비행사, 미국 항공 의무관, 방송인, 시인이다. 또한 과학자로서 화학, 물리, 유전자공학 등의 탁월한 지식을 가지고 있다. 이 모든 것들을 하나님을 증거하는 지름길로 사용하고 있다.

윤세웅 박사의 신학과 과학 세미나를 소개한다.

- 의학적으로 보는 진화론의 오류:
  신학자와 과학자가 알아야 할 의학적(유전자적) 세미나
- 의학적으로 본 창세기 홍수 사건:
  방주 속 노아의 여덟 식구와 동물들이 생존한 비밀을 과학적으로 설명
- 인간의 육체적 부활에 대한 고찰:
  예수 그리스도의 재림 때 인간의 부활, 부활체에 대한 의학적인 설명

이외에도 다수가 있다.

본서(2022년 가을 학기 강의 내용)에서는 창세전의 하나님, 천지창조와 배반한 천사들의 심판, 인간 창조와 완전한 타락, 죽임 당한

어린양의 생명책, 감추어졌던 그리스도의 구원 계획의 때(카이로스 = καιρός, kairos)가 찬 경륜(엡 1:9), 중생된 사람을 끝까지 지키시는 성도의 견인 등을 성경 전반에 걸쳐 다른 목회자들이나 신학자들과의 차이와 특징이 있음을 서술하였다.

지면상의 제한이 있음을 밝히며, 본서는 칼빈의 5대 강령에 관해서도 저자 자신의 신학적 견해를 반영하나, 과학적 증명을 통해 창세기를 주석함으로 다른 학자들의 주석이나 학문적 증거를 다루지 않았음을 밝힌다.

본인은 뉴욕신학대학교의 학장으로서 저자 윤세웅 총장의 강의를 듣고 크게 배웠으며, 이 특징적 내용들을 고찰하고서 편집하였다. 본서가 은혜의 구원으로 감사하는 모든 성도들에게 큰 도움과 신학 발전이 있기를 바라며 편집인의 글에 대언한다.

2024년 2월
훼이스신학교·뉴욕신학대학교 학장
이현숙 박사

# 차례

저자의 글 _ 4
편집인의 말 _ 6

**서론**     11

제1장 **창조에 대하여**     16
  1) 카이로스란?     16
  2) 하나님이 왜 우주를 창조하셨나?     19
  3) 우주는 좋은 곳인가?     23
  4) 6일 창조와 시간     25

제2장 **카이로스와 크로노스의 이해와 중생과의 관계**     34
  1) 예수님의 초림의 목적     37
  2) 믿음과 신념의 차이     42

제3장 **과학과 인간**     47
  1) 세포는 어떻게 되어 있나?     52
  2) 영혼육과 소명과 사명     54
  3) 이브 문제     58
  4) 선악과     59
  5) 예정     62

제4장 **에덴동산에서의 추방** 74
   1) 가인과 아벨의 제사 76

제5장 **종족 유지와 개체 유지** 82

제6장 **노아의 홍수 I**(창 6:1-5) 86
   1) 노아 홍수 심판의 배경 86
   2) 체세포와 생식세포의 염색체 수 92
   3) UFO, 우주인, 화석 99

제7장 **노아의 홍수 II**(의학적으로 본 창세기 홍수 사건, 창 6:1-7:24) 102
   1) 방주의 모형 111
   2) 방주 안에서 어떻게 생활했을까 116

**결론** 122
   1. 창조에서 복음까지 122
   2. 은혜구원과 과학에 대하여 141
   3. 끝맺는 말(과학에 대하여) 145

## 서론

　본서는 삼위일체 하나님이 계신 곳(하나님은 모든 곳에 계시지만 편의상 이렇게 표기한다)과 인류가 사는 이 땅의 기원을 창세기 1장을 근본으로 하여 설명하고, 우주 창조와 6일 창조의 시간을 과학적 근거로 서술한다. 이어 하나님이 계신 곳 카이로스(Καιρός, Kairos)와 이 땅인 크로노스(Χρόνος, Chronos)에서 일어나는 죄와 예수님 초림의 목적과 하나님의 구속사 그리고 성경적 믿음의 정의를 서술한다. 이 모든 것의 중심이 되는 인간 창조와 인간의 본질과 구조를 과학적으로 증명해 가며, 창조주와 피조물의 한계를 성경적 예정과 자유의지를 근거로 서술한다.

　성경적 구원론인 은혜구원의 근본은 예정에 있으나 자유의지의 잘못된 해석으로 인한 비성서적인 행위구원을 지적하며, 하나님의 선(נוב)과 하나님의 시스템을 서술한다. 에덴동산에서 추방됨으로 이 땅에서 개체 유지와 종족 유지의 본능으로 살아가던 인간들의 죄악으로 말미암아 노아의 홍수 심판이 있고, 노아의 방주 속에서 살아남은 여덟 식구와 동물들이 생존할 수 있었던 방법을 과학적으로 서술해 본다. 이 모든 창세기 1장에서 6장까지의 해석은 성경적으로, 가장 가깝게 기술한 칼빈의 5대 강령에도 반영하고 있음을 밝힌다.

본론으로는 제1장부터 제7장까지 다음과 같이 서술한다.

**제1장**: 하나님이 계신 곳과 인류가 사는 곳에 대해 알기 위해서는 성경에 조금씩 나타난 창세전과 창세기 1-2장에 나타나는 우주 창조를 알아야 한다. 하나님의 존재 유무를 논하는 것은 어리석은 일이며 오히려 무를 증명하는 것이 더 힘들다. 이것을 부정하려는 것은 잘못이다. 본서에서는 하나님은 왜 우주를 창조하셨는가, 하나님이 계신 곳 카이로스(Καιρός, Kairos)는 어떤 곳인가와 창세기의 6일 창조와 시간을 과학적 근거로 서술한다.

**제2장**: 카이로스와 크로노스의 이해와 중생과의 관계를 설명하기 위해 예수님의 초림의 목적과 하나님의 구속사 그리고 성령님의 역사하심에 따른 믿음의 정의를 서술한다.

**제3장**: 인간 창조와 에덴동산에서의 사건을 서술해 나가는 중 (1) 인간 창조와 만물의 창조의 근본이 어떻게 이루어졌는가, 즉 흙으로 만들어진 동식물의 유전자의 수효에 따라 각각 다른 종의 기원을 인식하지 못했던 진화론의 오류를 과학적으로 시정하고 (2) 남자와 여자의 평등성과 창조질서로서의 차이점을 다룬다. 그리고 (3) 성경에서 특히 창세기 2장의 에덴동산에서 인간 타락의 문제인 선악과를 다루면서 예정과 자유의지를 성령님과 연결하며 이야기한다. 즉 무엇이 구원이며 중생인가,[1] 또한 인간의 의와 하나님의 선(חוב)은 무엇인가를 서술해 나간다.[2]

---

1) 중생은 예수 그리스도의 복음이(인간의 자유의지와는 전혀 관계없이) 오로지 삼위일체 하나님의 예정으로 행위구원이 아닌 은혜구원으로 이루어진다는 것이 믿어짐으로 중생되는 것을 말한다. 이 중생은 머리로(Diagnonia) 받아들여지는 것이 아니라 가슴으로(Cardia) 받아들여지는 것임은 엠마오로 가는 제자들과의 대화에서 증명된다(눅 24:32). "가슴으로부터"라고 말한 뜻은, 태아가 5주째부터 심장이 먼저 생기고 6주부터 뇌가 조성되므로 머리로 받아들여지는 것이 아니고 가슴으로부터 스며드는 것이기 때문이다. 중생은 성령님의 감동으로부터 시작된다.
2) 공의와 하나님의 선은 예정된 자들을 위해 조물주가 모든 것을 책임지시기 위해 십자가의 죽음과 부활과 승천을 알게 하시는 것으로(요 16:8-11), 이것이 의요 하나님의 토브(선)이다. 이브가 선악과를 따 먹으므로 그 속에 들어온 양심을 저자는 "선악과 양심"이라 칭하며, 이 양심은 제한적 자유의지이므로 인간을 구원하지 못한다. 오직 은혜의 구원으로만 구원이 가능하다. 이것이 감사요 북받치는 은혜요 중생이다.

**제4장**: 마귀의 유혹에 빠져서 선악과를 따 먹음으로 생겨난 "선악과 양심"(consciousness of the fruit)[3]이 인간에게 들어온다. 즉 불순종의 결과로 멸망할 수밖에 없는 선악과 양심이 들어오고 타락한 우리 인간은 사망으로 이어질 수밖에 없다. 그 결과 에덴동산에서 추방되고 가인과 아벨의 제사와 살인 사건이 일어난 후에 아벨 대신에 셋이 나오는 하나님의 씨 계보와 가인의 계보가 갈라짐을 서술한다. 이어서 아벨 제사의 본질과 연결하여 예정된 자들을 위해 예수 그리스도의 초림에 의한 십자가 죽음의 대속 사건과 이를 통해 구속을 이루시는 하나님의 시스템을 설명한다.

**제5장**: 가인으로부터 시작되는 인류의 개체 유지와 종족 유지를 과학적 근거에 의해 서술한다. 가인이 자신의 개체 유지를 위해 아벨을 죽였듯이 인간의 죄악은 개체 유지에 초점을 두게 되고, 이를 위해 많은 수의 씨족이나 부족으로 종족 유지를 한다. 즉 개체 유지를 위해서는 종족 유지가 필요하며 살아남기 위한 종족 유지를 위해 개체 유지를 한다는 것이다. 이 과정에 근친결혼이 드러나고 이어 돌연변이로 네피림이 등장하는 과정을 과학적으로 설명한다.

---

[3] "선악과 양심"이란 저자 윤세웅 박사의 최초의 신학적 기술인 신학용어로써 선악과를 따 먹음으로 우리 타락한 인간에게 들어오게 된 양심이라는 뜻이다.

**제6장**: 지상에 퍼진 인류의 악함을 보시고 하나님께서 이 땅의 모든 동식물과 인간을 파멸하기로 작정하신 노아의 홍수 심판, 창세기 6장 1-5절까지의 원인과 배경을 설명한다. 특히 네피림에 대한 의학적 해석과 동식물의 생식세포와 관련된 유전자를 통해 과학적으로 서술한다.

**제7장**: 홍수 심판 때 살아남은 노아의 식구 8명과 동물들이 방주 안에서 375일간? 어떻게 생존할 수 있었는가를 과학적 근거 '아산화질소 저온동면설'(nitrous oxide hypothermia)이라는 이론으로 설명해 본다.

마지막 결론은 전체 요약으로, 유의어와 동의어를 사용하며 다시 한번 본론을 요약한다. 하나님의 창조와 죄 문제의 원인, 그리고 해결 방법에 대한 아벨의 제사와, 제사 드리는 자의 자격을 설명한다. 이어서 하나님의 구속사에 대해 예정과 자유의지를 통해 예수 그리스도의 초림 목적을 설명한다. 이와 함께 그리스도인의 성화와 증인의 삶을 마지막까지 견인하시는 성령님의 역할과 이 모든 것의 근본은 하나님의 구속사, 즉 은혜의 구원을 하나님의 입장에서 가장 성경적으로 가깝게 접근한 칼빈의 5대 강령에도 반영하고 있음을 밝힌다.

### 제1장

# 창조에 대하여

## 1) 카이로스란?

지구는 태양을 돌고 있고, 태양계는 은하계를 돌고 있다. 우주 속에는 약 250만 개의 은하계가 있으며, 그 위에는 우주를 만드신 하나님이 계시는 장소 카이로스가 있다. 창조주 삼위일체 하나님은 편재하셔서 안 계시는 곳이 없지만 편의상 하나님이 주로 계시는 곳을 카이로스(Καιρός, Kairos)라고 칭하고, 우주를 크로노스(Χρόνος, Chronos)라고 칭해 본다. 그러나 하나님은 카이로스, 크로노스에 다 편재하신다.

창조하신 카이로스(Καιρός)란 희랍 신화에 나오는 신의 이름이다. 이는 연대기적으로 흘러가는 역사의 어느 한 시기 즉 시간을 가리키는 크로노스(Χρόνος)와는 달리 의도되고 계획된 일정이나 과정 중에 특별한 의미를 지니는 곳으로, 하나님의 구속사가 계획되는 창조주가 계시는 곳이다. 카이로스 속에 삼위일체 하나님이 계시며, 이곳은 크로노스에서 나타나는 그래비톤 원칙(Force of Gravity)[4]에 의존되지 않는 곳이다. 시간 공간 개념이 적용되지 않는, 과거도 미래도 없고 오직 현재만 있는, 하루가 천 년 같고 천 년이 하루 같다는 근거가 되는 곳이다.

성경은 창세전 즉 크로노스가 생기기 전에 카이로스에서 무슨 일이 있었나를 암시해 준다. 하늘에 전쟁이 있어(미가엘 천사장과 루시퍼[5]의 전쟁) 루시퍼가 쫓겨나면서 1/3 되는 천사들을 데리고 함께

---

4) 그래비톤 원칙(force of gravity): 중력(gravity)이란 질량을 가진 두 물체 사이에 작용하는 힘이자 질량을 가진 모든 물체 사이에 작용하는 만유인력이다. 고전 물리학의 뉴턴, 현대 물리학의 아인슈타인의 양자중력 등의 연구가 진행되고 있다.

5) 성경에 나타난 천사들을 보면 그룹들(cherubim, 창 3:24; 겔 10:5-7, 28:12-14), 스랍들(seraphim, 사 6:2), 보좌들(thrones, 골 1:16), 주관자들(dominium, ruler, 엡 6:12), 정사(principalities), 권세(powers, 천사장들), 일반 천사(마 26:53; 눅 2:13; 왕하 19:35) 등이 나온다. 이 중 미가엘은 하나님의 백성과 하나님의 창조질서를 보호하고 관리하는 자로 군대 천사장이다(단 10:13; 유 1:9). 루시퍼는 그룹, 스랍들 중의 제일 높은 그룹천사로 계명성이라 표현된다(KJV). 에스겔 28장 12b-13절에 하나님께서 그를 창조하실 때의 특성이 잘 드러나 있다. "여호와의 말씀에 '너는 1. 완전한 천사였고, 2. 지혜가 충족하며, 3. 온전히 아름다웠도다. 네가 옛적에 하나님의 동산 에덴에 있어서 4. 각종 보석으로 단장하였음이며 네가 지음을 받던 날에 너를 위하여 5. 소고와 비파가 예비되었도다'라고 말씀한다. 이렇게 루시퍼는 다섯 가지의 특성을 지닌 천사로 창조되었으나 피조물이 창조주가 되려는 하나님의 시스템을 반항함으로 추방된다.

카이로스에서 쫓겨났다고 한다.[6]

　삼위일체 하나님께서 부리는 종(영)들로서 천사들을 창조하시되 하나님보다 못하게 지음을 받은 영적인 피조물들이다. 우주의 수백만 배나 되는 카이로스를 다스리기 위해 수많은 천사가 창조되었을 것이고, 그중 세랖(seraph)과 췌룹(cherub) 등[7] 일반 천사들이 삼위일체 하나님을 모시고 있는 곳이 카이로스이다.

---

6) 이사야 14장 12절은 15절의 스올(음부)의 왕들이 바벨론 왕의 교만과 위치가 몰락하였음을 지적하며 조롱할 것을 예언할 때 쓰인 말로, 계명성/루시퍼의 패배의 표현을 초대교회 시대의 교부들이 '사탄이 하늘로부터 번개같이 떨어졌다'라는 누가복음 10장 18절로 관련시켰다. 또한 계시록 12장 7-9절 '하늘에 전쟁이 있어 큰 용이 내어 쫓기니 그의 사자들도 저와 함께 내어 쫓기니라'로 사탄이 하나님께 대항하다가 땅으로 쫓겨난 과거 사건에 대한 회상으로 표현한다. 과거에 하늘에서 하나님의 권위에 도전하였으나 실패한 바 있었던 사탄은 이제 종말의 날에 이르러 다시 한번 영적 전쟁을 벌이게 된다. 큰 용과 그의 졸개들이 하늘(카이로스)에 있을 곳을 발견하지 못하고 하늘처소에서 땅(크로노스)으로 쫓겨나게 된다. 여기서 과거를 한번 더 증명할 수 있는 구절은 베드로후서 2장 4-6절에 "하나님께 범죄한 천사들을 용서치 아니하시고 지옥에 던져 어두운 구덩이에 두어 심판 때까지 지키게 하셨으며"이다.
7) 세랖의 복수형 세라핌(seraphim)과 췌룹의 복수형으로 췌루빔(cherubim). 상위급의 천사(seraph) 췌룹(cherub)은 각각 여섯 날개를 가지고 있어 두 날개로는 얼굴을 가렸고, 두 날개로는 발을 가렸고, 또 다른 두 날개로는 난다(사 6:2). 성막의 언약궤를 가리고 있는 보좌를 싸고 있는 천사(seraphim)들이다.

## 2) 하나님은 왜 우주를 창조하셨나?

성경을 토대로 저자는 하나님의 우주 창조 목적 중 하나는 타락한 천사들, 곧 루시퍼와 그를 따르는 천사들을 최후의 심판 때까지 가두어 놓기 위한 감옥소라고 본다. 창세기 1장 2절의 우주 창조 전의 무질서에 하나님의 공의, 권위, 토브(טוֹב)를 드러내시기 위한 말씀(명령)으로 첫날에 어두움과 빛으로 나누시고, 낮과 밤을 만드셨다. 이를 통해 루시퍼를 가두는 우주 감옥소(Prison of Lucifer)[8]에 하나님의 시스템[9]과 권능을 드러내셨다. 하나님께서는 우주 창조의 목적을 성경에 자세히 기록하지 않으셨지만 그 목적 중 하나로 루시퍼를 가두기 위한 감옥으로서 우주를 만드셨다고 본다.

하나님은 영원하신 분으로 시간적 공간적 제약을 받지 않으시는 분이나, 우주와 지구는 제약을 받는 곳이다. 하나님께서 왜 우

---

8) "Prison of Lucifer"란 "루시퍼를 가두는 감옥"이라는 뜻으로, 필자가 쓰는 신학 최초의 기술인 고유한 신학용어이다.
9) 시스템이란 하나님은 조물주시고 인간은 피조물임을 말하는 것이다. 그러나 루시퍼가 이 경계를 넘어 하나님과 같이 되려는 피조물의 한계를 넘었으므로 쫓겨남같이, 우리에게도 그 한계를 분명히 하고 계신다. 우리 인간은 은혜의 구원(창세전에 목 베임을 당한 어린양의 생명책에 기록된 자로 감사하게 하는 은혜)에 순종이라는 통로를 통해 복종(SURRENDER)할 뿐이다.

주를 창조하셨는지를 이해하는 것은, 각자의 생각대로 하나님을 끌어내려 인간만을 위한 신으로 이해하는 인본주의적 해석이 아니라, 오히려 신은 그대로 두고 우리가 그분 쪽으로 다가가는 신본주의적 해석이다.

성경에 루시퍼(내가 북극성에 올라 하나님과 같이 되어 보겠다, 사 14:13-14)와 미가엘의 싸움에서 루시퍼가 패배하여 더 이상 카이로스에 함께 있지 못하므로 크로노스(Χρόνος, Chronos)[10]로 쫓겨난다. 그러므로 세상은 루시퍼의 감옥(Prison of Lucifer)이며, 여기에 갇힌 루시퍼와 그 세력이 공중권세 잡은 자들이 된다. 이 우주 속에는 타락한 천사 귀신들이 어디든 있다. 그러나 그 존재는 제한되어 있다. 하나님은 동시에 무소부재하시나 귀신들은 한곳에만 있다.

사탄은 타락한 천사 영물이다. 루시퍼의 뜻은 '번질번질하고, 빛나고, 멋지다'로, 하나님께서 최상급 천사로 창조해 주셨는데 하나님을 배반하였다. 타락한 범죄한 이들을 카이로스에 그대로 둘 수가 없기에[11] 최후의 심판 때까지 우주, 땅, 무저갱에 가두기 위해

---

10) 크로노스(Χρόνος)란 '시간, 시계'의 뜻으로 지구의 연한을 말하는 시간이며 이 땅을 가리키는 것으로, 카이로스(Καιρός)와는 다르게 과거, 현재, 미래로 구분되어 시공간의 제한성을 가지고 있다.
11) 사극에서 역모한 자들을 벽지로 귀양 보내듯, 사탄을 우주로 쫓아낸다.

우주를 창조하셨다고 생각한다.

그리하여 하나님이 창세기 1장의 천지창조를 하셨다고 본다. 맨 처음 창세기 1장 2절 '공허하고 어둡고, 무질서하고 혼동한 상태'는 크로노스(Χρόνος=시간)의 시작이므로 시공간이 있다는 뜻이다. 즉 루시퍼를 완전 멸망시키고 심판하시기 전에 잠시 유기해 두기 위해 만든 곳이다. 이 우주는 시간적 개념의 크로노스이므로 하나님의 계획대로 어느 때에 완전히 없어진다. 하나님께서 이 지구와 우주의 종말, 최후 심판을 시행하실 때 없어진다는 것이다.

창세기 1장 2절은 루시퍼를 가두는 힌트이다. 카이로스에 계신 하나님의 권능이나 파워를 우리는 알 수가 없으나 성경을 통해 조금은 알 수 있다. 이것은 보혜사 성령님께서 우리에게 하나님을 이해하는 지식의 영을 주시겠다 하심으로 우리가 성경 속에서 알 수 있게 되는 것이다. 지구 속에 있는 인간의 지식으로는 알 수가 없으나 성령님이 오시면 알게 해 주신다.

## 천지창조의 개념(카이로스와 크로노스)

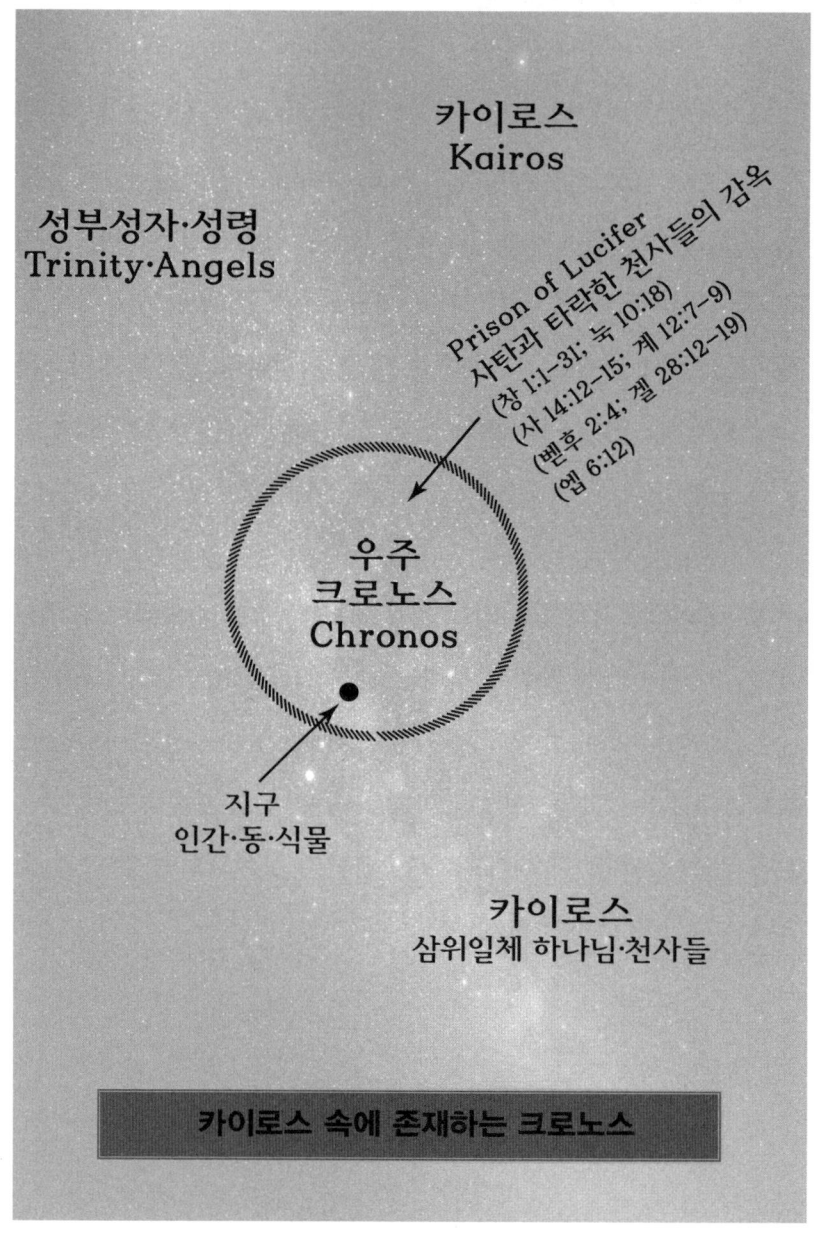

### 3) 우주는 좋은 곳인가?

하나님은 우주에 대해 화성이나 블랙홀 등 여러 말씀을 하지는 않으신다. 그러나 이 우주 속에 아주 조그마한 지구를 창조하시고 에덴동산을 만드시고 그 속에 아담과 이브를 지으셨다. 왜 루시퍼를 가두기 위한 감옥소에 인간을 두셨을까. 우주 속에 루시퍼를 벌하기 위해 지구를 만드시고 타락한 루시퍼와 그의 일당들에게 교훈을 주려고 인간을 창조하셨을 수 있다. 물론 아담, 이브를 지으신 것은 찬양 받고 영광 받으시기 위함이지만, 그렇다면 왜 더 많고 다른 천사를 만들지 않고 인간을 만드셨으며, 또 인간을 천사보다는 조금 못하게 흙으로 빚으셨을까. 금으로 빚으셨다면 선악과도 따 먹지 않았을 것이고 명하시는 대로 100% 순종만 했을 것이다. 그런데 왜 흙으로 만드시고, 자유의지를 주셨는지 창세기 1장을 보면서 생각해 봐야 한다.

하나님은 인격적인 존재이시므로 인간도 인격적으로 창조하셨다. 카이로스에서 영생할 하나님의 자녀들에게 이 우주는 형편없는 곳이다. 공허 속에 "빛이 있으라" 하시며(빛은 어둠을 밝히고), 하나님의 의도, 계획, 공의(정정당당하심, 책벌하심, 심판하심을 위해)와 하나님의 주권을 알게 하시기 위해 빛으로 창조를 표현하시고 어둠에서 나누셨다. 즉 첫날의 빛은 인간을 위해 만드신 밝은 태양 빛이 아닌 하나님의 공의를 드러내기 위해 만드신 것이다. 그리하여 이날의 빛은 삼위일체 하나님, 창조주이신 예수님의 창조하심을 보여 준다.

간혹 다른 학자들이나 혹자들은 첫날에 빅뱅이 있었다거나 또는 우주 자체가 빅뱅을 일으킨다고 주장한다.[12] 그러나 필자는 6일 창조의 기록과 과학적 근거를 들어 빅뱅이 있었다면 창조 4일째 해, 달, 별들을 창조하실 때 있었음을 주장한다. 우주는 루시퍼의 감옥소로 창조되었고, 복잡하고 혼란한 곳이며, 최후 심판 때까지 공중권세 잡은 자, 루시퍼 일당들을 가두어 유기해 놓은 시공간이다. 하나님의 6일 창조는 다음과 같다.

---

12) 이것은 빅뱅이 무언가 엄청난 소리를 내며 폭발했다는 것으로, 이 빅뱅을 일으키는 무엇인가 있었다는 것을 양자역학으로 증명한다(2016년). 두 양성자, 중성자가 부딪혀 터질 때(양성자를 빛에 가까운 속도로 부딪히게 하는 것) 어떤 힘이 나온다. 두 양성자가 빛에 가까운 속도로 부딪히면서 파괴될 때 내는 것을 힉스 입자라 한다. 이것이 빅뱅 전에 있었던 입자라고 말하며 신의 입자라고 말한다. 이것의 질량을 원자나 중성자에게 주는 것이다. 이 실험을 위해 많은 돈을 투자했으나 여전히 부딪히면서 0.7~8초 정도만 반짝하고 만다. 그러나 하나님은 이렇게 하지 않으시고, 우주를 창조하신다.

## 4) 6일 창조와 시간

창세기 1장 1절에서는 누가 이 세상을 창조하셨는지 하나님을 소개한다. 즉 조물주 하나님의 존재와 권위, 우주의 근본 에너지, 공의로운 그의 주권을 창조하신 빛이라고 묘사한다. 이는 태양 빛과 다르다. 태초에 하나님은 "땅이 혼돈하고 공허하며 흑암이 깊음 위에 있고 하나님의 영은 수면 위에 운행하시니라"(2절)와 같이 형편없는 곳에 타락한 천사와 일행을 가둔다. 하나님의 공의로우신 심판으로 "너희는 여기 있어라" 하고 명령하신다. 형편없는 무질서의 곳이라 할지라도 모든 것이 하나님의 주권이라는 공의를 나타낸다. 하나님의 공의는 토브(חוֹב), 하나님의 선으로 하나님의 권위를 드러내시는 시스템이다.

"하나님의 영은 수면(waters) 위에 운행하시니라"(창 1:2).

이를 통해 빅뱅은 첫날에 생긴 것이 아님을 알 수 있다. 즉 '물'은 마귀들을 물속에 가두었다는 것으로 해석할 수 있다. 귀신들은 물을 무서워한다. 물 없는 곳을 다니면서 쉴 곳을 찾는다고 공관복음은 말한다(마 12:43; 눅 11:24). 즉 하나님의 영향력 아래 피조물이 있고, 하나님의 나라 속에 우리가 있다.

첫째 날: 빛과 어두움을 나누신다.

하나님께서 "빛이 있으라" 하셨다. 이 빛은 태양 빛이 아니며, 하나님의 공의로우신 심판, 자신, 주인, 의도, 우주 근본 에너지(Energr), 질서임을 나타내는 빛이다. 이 빛을 보시고 "보시기에 좋았더라"(창 1:4)라고 하신 것은, 하나님이 원하시는 바 그 뜻대로 카이로스와 크로노스가 나뉨을 보시고, 루시퍼의 감옥에 가두시고, 원하시는 뜻을 이루심을 보시고 '좋았더라'(wonderful이 아니고, like 이다)라고 하신 것이다.

6일 창조 때마다 "저녁이 되고 아침이 되니"를 하나님이 의도적으로 되풀이하시는 이유는 창조의 기간(24×6=144시간)을 후세 사람에게 말씀하시기 위함이다.

둘째 날: 궁창을 만들어 궁창 아래 물과 궁창 위의 물을 나누신다. 우주 공간을 만드셔야 했다. 이 궁창을 만드시고는 "보시기에 좋았더라"라는 말이 없다. 수면은 첫날, 즉 우주 만드실 때 있었다고 생각한다.[13] 현대 천문학은 우주 공간의 크기를 계산해 보지만 수백억 광년으로도 표현할 수 없이 광활하며 크다.

---

13) 둘째 날: 물들을 나누셨다. 이 우주 궁창(하늘)에 은하계 약 270만 개가 있다고 한다.

셋째 날: 땅(뭍)과 바다(모인 물)를 만드신다. 땅의 풀과 씨 맺는 채소, 열매 맺는 나무를 만드시고 "저녁이 되고 아침이 되니"를 반복한 이유는, 많은 세월이 지난 후 사람들이 갑론을박할 것을 아시고(우주 창조 시간에 대해) 시간을 정확히 명기하신 것이다.[14] 식물을 만드시고 24시간 후 태양을 만들지 않으셨다면 식물들은 탄소 동화 작용을 못 해서 모두 멸절했을 것이다. 또 '종류대로 만드심'은 진화론을 부정하는 것이다.

넷째 날: 해, 달, 별을 만드시고, 사계절, 시간, 일자, 연한 징조를 기록하라고 하신다. 우주의 기원이 진화론자가 주장하는 빅뱅이 있었다면 넷째 날에 있었을 것이다. 넷째 날에 태양, 달, 별을 왜 만드셨는가. 계절과 시간을 기록함이며, 또 지구가 돌아가면서(돌지 않으면 뜨거워서 생존하지 못한다), 곧 공전과 자전을 하며 식물이 있으므로 탄소 동화 작용 등을 위해 만드셨다. 이 또한 창조 1일(하루)이 현재 시간으로 24시간이라 주장하는 과학적 증거이다.

별들은 태양처럼 무언가 폭발해야 빛이 나므로 이때의 빛은 첫

---

14) 셋째 날: 육지와 바다를 만드시고 점점 지구에다 초점을 두셨다고 볼 수 있다. 땅의 풀과 씨 맺는 채소와 그 종류대로 열매를 창조하셨다. 이것이 진화의 반대 이론이다.

째 날 빛과 다르다. 넷째 날의 빛은 프리즘으로 드러나는 가시광선으로 태양, 별에서 나온다. 첫째 날 빛은 파장이 없어서 무지개 색이 나오지 않는다. 그러므로 빅뱅이 있었다면 넷째 날에 있었고, 별들이 터져 번쩍거리다가 점점 식어서(5천 년 정도) 늘어남과 줄어듦을 반복하면서 블랙홀이 생겼다고 말한다. 블랙홀의 95%가 흑암물질(dark matter)로 되어 있다 하나 우리는 잘 모른다.

허블 망원경, 제임스 웹 망원경을 만들어 우주 사진을 찍어 보면 블랙홀, 은하계 등 끝이 없음을 알 수 있다. 즉 5,800~5,900년 전에 반짝했던 별을 지금 우리가 보는 것이다. 하나님은 위대하시고 무서우시며 전지전능하신 분이다. 좋으신 하나님 정도가 아니라 오직 존경과 경외의 대상일 뿐이다. 현재 루시퍼 일당은 우주에 천 년 동안 즉 오랫동안 지구의 종말까지 갇혀 있고 최후 심판 때 불못에 던져져 완전 멸망된다.[15]

다섯째 날: 큰 물고기와 물에서 번성하여 움직이는 모든 생물과 날개 있는 모든 새를 종류대로 창조하시고 생육하고 번식하라 하신다(창 1:11-12). 번식은 같은 유전자들끼리만 가능하다. 유전자

---

[15] 성경 말씀을 믿는다 하면서도 믿지 않으므로 인본주의적인 여러 해석들이 나온다.

가 다른 것끼리는 번식이 되지 않는다. 찰스 다윈은 그 당시의 과학 문명으로만 이해할 수 있었던 형태학적으로 해석하여 설명했지만, 현대의 과학과 유전학으로는 진화론이 부정된다. 종류대로(species) 창조하심의 증거는 다음과 같다. 현시대의 핵산유전학이 확립된 것은 불과 약 80년 전이기 때문이다.

모든 생물은 개체 유지와 종족 유지를 해야 한다. 개체 유지 즉 증식을 위해서는 체세포가 본래 체세포와 똑같이 분열증식하여 같은 염색체 수를 갖는 세포로 분열한다. 그러나 종족 유지를 위한 생식세포는 반으로 정확하게 분열되어야 한다(감수분열). 그렇지 않으면 수정되지 않는다(여자의 생식세포 염색체 23 XX, 남자도 23 XY). 감수분열이란 모든 생물이 가지고 있는 염색체의 숫자 중 종족 유지를 위한 생식세포만은 원래의 유전자 수에서 절반으로 감수하는 것을 말한다. 체세포는 감수분열 없이 분열증식으로 성장한다.

생물에는 많은 동식물이 있는데 모든 동식물의 세포 핵 속에는 염색체가 있고 그들의 수는 각각 다르다. 사람의 체세포 핵 속에 46개의 염색체가 들어 있고, 개 78개, 고양이 38개, 쥐 40개, 말 64개, 소 60개, 닭 78개, 감자 48개, 물고기 94개의 염색체가 들어 있다. 찰스 다윈은 1850년대 사람으로 유전자 과학을 몰랐기 때문에 미생물이 진화하여 고등동물이 되었다고 형태학적으로 보지만 잘못된 것이다. 각 동식물의 핵 속의 염색체 수가 다르기 때문에 형태학적으로 말한 진화론은 잘못이다.

고깃덩어리를 잘라서 염색체 수를 찾아보면 어떤 동물의 것인지 그 종류를 알 수 있다. 두 생식세포의 염색체 숫자가 정확히, 오차 없이 짝수로 맞지 않으면 수정되지 않고 생식이 되지 않는다.[16] 염색체 수가 같은 종(species)끼리는 그 속에서 진화가 가능

---

16) 필자의 "신학과 과학 세미나" 중 진화론의 오류: 왜 진화론이 의학적으로, 생화학적으로, 법의학적으로 인정되지 않는가? 진화론자들은 생명이 어떻게 해서 태어나게 되는지 등을 알고 싶어 하여 많은 학설을 내놓는다. 그러나 과학은 하나님을 증명하는 지름길이다. 과학이란 조물주 하나님의 창조물을 가지고 연구하고 규명하고 파헤치는 것이다. 예로, 중력, 인력, 지구의 자전, 전기장, 자기장 등은 하나님이 벌써 만들어 놓은 것인데 우리는 이미 있는 것을 가지고 규명해 가는 것이다. 예로 '태양이 어떻게 빛을 내서 식물이 광합성을 하는지?' 등이다. 진화론은 비생물학적이며 비과학적이다. 생물은 두 가지 본능이 있다. 개체유지와 종족 유지이다. 무생물은 두 가지를 하지 못한다. 그러나 유생물은 두 가지를 한다. 모든 생물은 세포로 구성이 되어 있다. 동물, 식물, 사람 모두 같다. 정자와 난자가 결합으로 된 한 세포가 점점 자란다. 즉 인간은 크지만 한 세포로 시작하는 것이므로 이것을 체세포라 한다. 1-2-4-8 등으로 분열된다. 어떻게 분열이 되는가? 세포 속에 1/4정도 크기의 핵이 있고 그 속에는 핵산염색체가 있으며 그 속에 모든 유전정보가 들어 있다. 세포의 크기는 쌀알의 60억 분의 1이다. 전자현미경으로만 볼 수 있다. 전자현미경을 발견하여 보니 핵산이라는 실뭉치가 있고 이것을 염색하자 파랗게 되므로(염색약은 메틸렌 블루) 이것을 염색체라고 한다. 염색체는 염색이 되는 단백질, 핵산이라고 부른다. 그 핵산의 원소 4개로 아데닌, 구아닌, 사이토신, 다이민=티민 등이 결합되어 있다. 사다리 같은 배열이 되고 기다랗게 꼬여 있다. 이것들이 아주 길게 만들어진 것이 핵산염색체이다. 유전자는 핵산인 DNA로 구성되어 있고 이 속에는 엄청난 정보가

하나 다른 종으로는 진화가 되지 않는다. 또 같은 종 내에서는 진화나 돌연변이가 발생하나 돌연변이된 생물은 핵산염색체 구조에 변이가 생겨서 종족 유지 기능을 잃으므로 자손을 번식할 수 없고 당대에 자멸한다. 즉 돌연변이는 진화, 다른 종으로의 근거가 되지 못한다.

창조 5일째에 태양 빛을 감지하는 생물의 기관을 증명하는 캄브리아기의 대변(Cambrian Explosion)을 주장하는 진화론자들도 신경세포 중 태양 빛을 감시하는 감각기관, 즉 눈(eye)의 진화를 인정하므로, 두 눈 가진 생물들 곧 물고기, 곤충, 조류 등의 출현이 창조 5일째였다는 과학적 증명(?)을 해주며 5일 창조를 잘 뒷받침해 준다. 이렇게 과학은 창조주 하나님을 증명하는 지름길임을 인정한다.

여섯째 날: 인간을 창조하셨다. 하나님이 모든 것을 만드시고 하나님의 형상대로(이미지대로=하나님의 뜻대로, 생각, 계획, 목적대로)

---

들어 있다. 눈 색깔, 키, 곱슬머리, 걸음걸이, 목소리 등 편지지 종이를 300m 높이로 쌓아 놓을 수 있는 크기의 정보가 쌀알의 60억 분의 1 크기의 핵 염색체 속에 들어 있다. 이 많은 정보가 핵 분열이 되어 생식 때 절반으로 나누어진다. 염색체가 양분되면서 다른 두 생식세포가 생긴다. 2개의 암수 생식세포가 결합하여 하나의 체세포가 된다. 그리고 점점 분열증식하여 자신과 똑같은 세포를 만들어 내고 자라고 크며 성장한다. 인간의 체세포 하나가 일생에 60~80번 정도 분열한다. 1년에 한 번 정도 분열한다. 그 후는 죽어 버린다.

사람을 만드시나, 우리는 하나님과 똑같이 창조되지 못했다. 피조물로서 섭섭하겠지만 흙에서 창조되었다. 죽으면 흙으로 되돌아간다. 천국에 가도 하나님과 같이 되는 것은 아닐 것 같다. 우리의 사후는 현재 낙원과 음부뿐이며, 몸이 부활해도 우리는 피조물이기 때문이다(혼은 우리 모든 세포 에너지로 만들어지고, 열역학적으로 만들어진다). 프로이트는 인간을 세 부분으로 본다. 육(살덩어리), 에너지(혼), 영(스피릿)으로 나누며, 혼의 무게도 있다고 한다.[17] 이 혼이 어떤 영에 반응하느냐에 따라 하나님의 영 또는 악한 영(루시퍼의 일당)이 작용한다.

6일 창조에 있어서 "저녁이 되고 아침이 되니"의 하루 시간은 24시간이므로 24시간×6일=144시간이기 때문에 크로노스(Χρόνος, Chronos)라는 말이 나온다(태양을 중심으로 하기 때문). 저자가 주장하는 우주 창조의 시간인 144시간을 믿어서 손해날 것은 없으나, 인간들에게 144시간 성경적 우주의 창조가 믿어지느냐 안 믿어지느냐이다.

우주를 제임스 웹, 적외선 망원경으로 보면, 허블 망원경보다

---

17) 의사가 폐병 환자가 죽기 전과 죽은 후 몸무게를 재어 보니 21g이 차이가 나므로 혼의 무게는 약 21g이라고 말한다.

100배나 더 정확하다. 적외선은 파장이 길어서 가시광선보다 파장을 더 잘 잡을 수 있기 때문이다. 별들이 블랙홀에 흡입되면서 내는 소리를 인간이 들을 수 있는 주파수로 잡았는데 무시무시한 소리였다. 또한 별들이 터지고 합쳐지고 하는 우주는(공허, 어둠, 혼돈) 엄청나다. 우리는 이런 곳에 단 1초도 머물지 못한다. 별들이 폭발하고 온통 난리이기 때문이다.

노벨 물리학상 혹은 천문학상 등을 받는 여부도 여기에 달려 있다. 블랙홀이 별들과 별들과의 사이가 늘어나거나 줄어들거나 하는 것을 발견하면 상을 받는다. 우주가 늘어나거나 줄어든다는 가설을 주장하면 노벨상을 받기 때문이다.

이러한 루시퍼의 감옥, 우주는 형편없는 장소로 예수님 오시면 불덩어리로 끝내실 것이며, 2,000년 전에 예수님은 자기가 만드신 지구 속으로 들어오셔서 은혜구원을 보여 주셨다. 성령님은 무소부재로 편재해 계시지만 악한 영은 한곳에만 붙어 있으므로, 하나님께서 우주를 멸망시키실 때 타락한 천사 1/3을 모두 다 영원한 불 속에 집어넣으신다(1/3은 타락할 때 데리고 온 천사들). 이토록 우주는 복잡하고 무서운 곳, 즉 루시퍼 일당을 가두시는 우주 감옥이며, 그 속 지구에 인간을 두셨다.

## 제2장

# 카이로스와 크로노스의 이해와 중생과의 관계

카이로스(Καιρός, Kairos)와 크로노스(Χρόνος, Chronos)의 이해는 중생과 깊은 연관이 있다. 하나님은 전지전능하고 무소부재하시므로 카이로스와 크로노스에 다 계시지만, 논리적으로 피조물인 크로노스를 카이로스와 분리 이해하여 본다. 카이로스는 삼위 하나님(Trinity)이 계시는 장소로서 평화롭고(고통이 없는 곳) 호화찬란 하다는 것 외에는 더 표현 방법이 없는 곳이며, 천사들이 있고(계급대로) 피조물인 크로노스를 관할 통치, 간섭하시는 곳이라고 기술해 본다.

카이로스와 크로노스가 사용되는 '~때'는 하늘(카이로스)에서 계획되는 것이 이 땅(크로노스)에서 이루어지는 것을 의미한다. 에베소서 1장 9절에서 "그 뜻의 비밀을 우리에게 알리신 것이요 그의 기뻐하심을 따라 그리스도 안에서 때가 찬 경륜을 위하여 예정하신 것이니"는 골로새서 1장 26절에서 말하는 바 "이 비밀은 만세와 만대로부터 감추어졌던 것인데 이제는 그의 성도들에게 나타났고"란 사실을 보여 주기 위하여 계시된, 예수 그리스도를 통해 비로소 확연하게 드러난 하나님의 비밀이, 예정 가운데 있었음을 밝혀 주는 때로서 카이로스에 있었음을 말한다.

이 예정, 계획된 비밀이 갈라디아서 4장 4절에서 "때가 차매"라는 표현을 사용하여 이제 새 시대가 도래하였음을 밝혀 줌으로 "때가 차매(아버지의 정한 때에) 하나님이 그 아들을 보내사 여자에게서 나게 하시고"를 통해 물리적이고 양적인 시공간의 개념인 크로노스를 말한다. 이와 같이 카이로스에서 계획된 것이 이 땅 크로노스에서 이루어지는 관계는 서로 분리할 수 없다. 조물주 하나님의 카이로스 상태는 영원한 현재 상태이고 피조물이 거하는 크로노스는 시공간이 있는 과거, 현재, 미래의 제한된 상태이다. 그렇기 때문에 지금은 분리된 듯 보이나, 구속사적인 면에서 볼 때는 분명 일직선상에 있음을 알 수 있다.

크로노스에 있는 우리에게는 창세전 에덴동산, 노아 홍수 심판, 구약 시대, 예수님의 초림, 대속, 부활, 승천, 성령 강림, 재림 등의 과거, 현재, 미래에 대한 시공간적 기록이 있으나 카이로스에서는 모두 현재 진행형이다. 2,000년 전 예수님께서 창세전 구원 예정 대속, 은혜구원을 재연하시기 위해 자기가 만드신 우주 공간 크로노스에 들어오셨다. 우리 인간에게 창세전 예정구원 사랑을 십자가 상에서 재연하고(다시 가시적으로 보여 주심) 부활 승천하신 사실은, 카이로스적인 견해로 보면 현재 진행형임을 이해할 수 있다. 즉 지금도 예정구원 하심이 우리 미래에도 이루어진다는 해석이다.

카이로스에 계시는 삼위일체 하나님을 절대로 성부, 성자, 성령 하나님으로 분리하여 이해하려 해서는 안 된다. 영적 존재로서 한 몸이시기 때문이다. 나누면 성경 해석이 잘못된다. 예를 들어 예수님의 십자가 죽음과 부활 후, 예수님의 승천은 보혜사 성령님을 보내 주시어 하나님의 뜻을 전하고, 잊은 것을 생각나게 하시고(누가복음, 모세의 창세기 등), 또한 승천하여 우리를 위해 처소(맨션)를 준비시키기 위함이라 함은 삼위일체 하나님인 예수님이 자기가 만드신 이 지구상에 오셨다는 말이다. 이것은 하나님이 오셨다는 뜻이므로 임마누엘로 말씀하신 이름이 '예수'라고 성경 예언에 기록된 것이다. 즉 예수님의 오심은 성부, 성자, 성령님이 이 세상에 오심이라는 해석이다.

쉬지 말고 기도하라는 것은 예정구원 된 기독교인들이 삼위의 하나님과 관계를 계속 유지하며 감사하며 살아가고, 사망 후에도 천국이 있다는 것을 의심 없이 확신하라는 것이다. 우리가 육체 가운데 살 때 구원을 받을 수 있듯이 하나님은 산 자의 하나님이시다. 죽은 자와 산 자, 생물과 무생물의 존재는 개체 유지와 종족 유지의 차이만 있을 뿐 원소, 원자와 전자로 구성되어 움직이는 것은 모두 같다.

예수님의 승천은 원위치로 돌아가시는 것이다. 그 후 다시 오신다고 약속하고, 이를 믿는 자로 하여금 예정 가운데 자유의지로 증인의 삶을 살아갈 수 있게 하셨다. 이들은 창세전에 카이로스의 생명책에 기록된 자들이다.[18] 이와 같이 카이로스와 크로노스의 이해는 예수 그리스도를 통한 중생과 깊은 관계가 있다.

### 1) 예수님의 초림 목적

크로노스(=우주, Χρόνος, Chronos)를 만드신 분으로서 예수님께서 초림하신 가장 중요한 목적은, 카이로스(Καιρός, Kairos)에서 이

---

18) 빌립보서의 순두게, 글레멘트, 글라우드가 생명책에 쓰인 것을 바울이 본다(빌 4:2-3). 그 외에도 생명책은 계시록에 7회 기재된다.

루어진 예정구원, 즉 창세전에 목 베임을 당하여[19] 예정된 자들의 대속을 이루기 위한 십자가 상의 재연이다.[20] 즉 조물주 하나님의 예정에 대한 공의로우심을 증명하신 것이다. 또한 창세전에 예정되지 않아 구원되지 못한 자들의 항변에 대한 공의로운 답변이다. 예수님께서 십자가 선상에서, 이름이 외경에만 기록된 한쪽 강도 디마스를 구원하신 후, 사망하시고 첫날에는 낙원에 계시고,

---

19) 창세전이란 크로노스가 아닌 카이로스를 의미하며, 카이로스는 시간과 공간에 제약이나 제한이 없는 곳이므로 하나님이 계시는 카이로스는 영원한 현재이다. 창세전에 목 베임을 당한 예수님의 십자가 재연에서도 예수님께서 두 번 죽으셨다는 것이 아니라, 삼위의 하나님께서 100% 열심으로 인간을 위해 성자 예수님께서 죽으실 것이라는 창세전의 각오와 결의를 표현한 말이다. 즉 그 시간이 우리에게는 창세전이지만 카이로스에서는 계속되는 진행형의 의미를 가지고 있으므로 하나님의 계획과 목적과 뜻이 절대적으로 섭리 가운데 경륜으로 예수님의 십자가 죽음에서 드러난다는 것이다.
20) 칼빈의 5대 강령 중의 하나인 제한된 속죄(Limitted Atonement)는 '속죄란 만인 구원을 위한 것이 아니라 예수 그리스도께서 창세전에 예정하신, 선택하신 자들에게만 해당하는 것이다. 예수님의 십자가 죽음은 만인의 죄를 위해서가 아니고 만인을 위해 죽임을 당하신 것같이 기록되었다. 그러나 그 만인은(Election에 속한 자들을 말한다) Secletion(유기된 자들)이 아니다. 창세전에 목 베임을 당하신 그 피로 우리(예정된 자들)를 사신 것이다. 마가복음 10장 45절 "인자가 온 것은 섬김을 받으려 함이 아니라 도리어 섬기려 하고 자기 목숨을 많은 사람의 대속물로 주려 함이니라"의 '~many not all'은 만인이지만 모두 다는 아니다. 여기서 만인이란 예정된 자들을 말한다. 증거 구절은 다음과 같다. 마태복음 1장 12절, 자기 백성을 구원하시기 위함이다. 요한복음 10장 15절, 나는 내 목숨을 내 양을 위해 버린다. 너희는 내 양이 아니므로 믿지 않는다. 요한복음 17장, 내게 주신 백성을 위해 돌아가신다. 하나님의 주권은 예수님이 오셔서 그들을 위해 피를 흘리셨다는 것이다. 만인을 위해 죽으셨으면 왜 죽으셔야 하고, 심판이 있겠는가? 받아들이고 아니고가 아니다. 누가 받아들이는가? 예정된 자만이 받아들이게 된다. 만인구원설은 오류이다.

둘째 날에는 음부로 내려가서 그곳에 있는 영혼들에게 선포하심(proclaim) 역시 최후의 심판 때 왜 자신들을 예정해 주시지 않았는지에 대한 항의에 십자가에서 못 박히신 두 손의 못 자국을 보여 줌으로 답을 제시하시고 조물주 하나님의 공의로우심을 보이신 것이다.

다윗의 고백, 시 23편의 내 영혼을 소생시키는 이유는 하나님의 이름을 위하여 의의 길로 인도하심이다. 즉 하나님이 우리를 구원하셨기 때문에 창세전에 예정된 자를 책임지고 우리를 끌고 가시는 성도의 견인이다.[21]

---

21) 칼빈의 5대 강령 중 하나로 Perseverance(성도의 견인)는, 구원은 예수님의 피 값으로 주어진 보배로운 것이므로 마귀가 중간에 빼앗으려 하면 성령님께서 끝까지 지키신다는 것이다. 성령님이 오시면 죄(구원)와 의(righteousness, 공의)와 심판에 대해 알게 되고, 보혜사 성령님이 오시면 창세전부터 함께 계셨던 분이 하나님의 명령에 복종할 수 있도록 끌고 가신다. 순복하게 하신다(순종이 제사보다 낫다). 중생의 순서에 있어서 소명, 회개, 중생은 틀렸다. 하나님은 중생시키시고(예정하셨고, 회개시키시고) 성령의 열매가 있도록 하신다. 누군가가 살려 주셔야 우리가 산다. 그렇지 않은 자들은 루시퍼와 함께 불못에 간다. 이것이 성경적인 구원론이다. 유기된 사람이 Election 된 사람보다 많다. 이것을 보여 주기 위해 이 세상에 사람으로 오셔서 구원을 전하신다. 동정녀(Virgin Birth) 탄생이 되어야 한다. 하나님이 인간의 Phenotype이 되시려면 동정녀의 인간 유전자가 필요하기 때문이다. 우리는 하나님 은혜의 영광이 되는 찬양물이 되기 위해 있다. 야코부스 알미니우스가 우리를 혼동시킨다. Unity(기독교만이 아니고 모두 같이 연합해야 한다는 것), Peace(우리는 마귀와 싸워야 하기에 무조건적 평화나 사랑에는 차이가 있다), Love의 참 의미를 분별해야 한다. 죄를 사랑하지 말고 마귀와 싸워야 하고, 우리가 영화 과정에 이르면 주님이 데려가신다.

다시 말하면, 카이로스에서 창세전에 예정한 은혜구원을 나타내시기 위해 2,000년 전에 자신이 만드신 세상 시공간 속으로 오시고 창세전에 목 베임을 당한 어린양으로 대속, 부활, 승천하셨다. 그리고 승천하실 때에 금방 온다고 하셨으나 아직 안 오셨다. 구원은 모두 다 수동적이다. 피동적이다. 자기의 행함으로는 구원에 이르지 못한다. 천상천하 유아독존은 없다. 이 거짓말을 믿는 자가 너무 많다. 귀신 들린 자는 자신이 귀신 들린 줄 모른다. 저자가 병원에서 정신병자에게 약을 주지만 환자 자신은 미친 줄도 모르고 "의사 당신이나 먹으라"라고 반항한다.

성령님은 우리가 청하고 원한다 해서 와서 내주하시는 분도 아니고, 사마리아 시몬처럼 돈을 주고 사는 분도 아니다. 카이로스에 계신 하나님이 크로노스도 다 모니터링하고 계시며 우리에게 영향력을 발휘하고 계신다. 아브라함이나 다윗은 예수님 오시기 전에 있었으니 그들은 예수 그리스도를 통한 구원이 안 되었다 하거나, 양심 심판을 받거나 음부에 가 있다고 말한다면 아직 카이로스와 크로노스 개념을 이해하지 못한 것이다. 구원을 시간적 개념으로 해석하면 안 된다.

최후 심판 때 루시퍼 일당이 불못(지옥)에 갈 때는 예정구원 되지 못한 불신자들도 같이 간다. 이것이 세상의 끝이다. 창세전에 죽으신 예수 그리스도로 생명책에 기록되지 않은 자는 모두 불못(영벌, 지옥)에 간다(계 20:15). 루시퍼는 최후 발악을 하지만 아마겟돈 전쟁으로 끝이 나고, 최후 심판으로 우주는 없어지며, 그 후 우주의 기록은 없다.

요한복음에서 "영접하는 자 곧 그 이름을 믿는 자들에게는 하나님의 자녀가 되는 권세를 주셨으니 이는 혈통으로나 육정으로나 사람의 뜻으로 나지 아니하고 오직 하나님께로부터 난 자들이니라"(1:12-13)라고 말씀한다. 예수님께서는 하나님께로 난 자들을 위해, 즉 무조건적 선택함을 받은 예정된 자들의 구원을 위해 십자가에서 대속하기 위해 오셨다.

혹자는 예수님의 초림이 하나님께서 완성하지 못한 하나님의 왕국을 지구에 완성하러 오신 것이라고 말하나 이는 잘못이다. 만약 그렇다면 예수님께서 부활하신 후 왜 이 땅에 오래 계시지 않고(최소 2~3년은 계셔야 했다) 40일만 계시다 승천하셨을까. 이 뜻은 마치 예수님께서 십자가에서 죽으시고 이튿째 예정되지 못한 자들과 타락한 자들에게 음부로 내려가서 보여 주셨던 것과 같은 맥락이다. 예정된 자들을 위해 예수님께서 피 흘리셨음을, 즉 창세전 목 베임을 당하신 어린양 예수님의 대속을 보여 주신 것이다.

그러나 사탄의 무리는 하나님의 공의에 반항한다. 인간은 '선악과 양심'으로 대항한다. 이 선악과 양심은 "먹으면 정녕 죽는다"라는 하나님의 명령을 거역해서 먹고 얻은, 죽을 수밖에 없는 타락한 인간의 양심이다. 이것은 죽은 양심이다.

예수님의 초림 목적은 또한 제한된 속죄를 반영한다. 구원은 만인을 위한 것이 아니다. 만인 구원이라면 최후의 심판이 있어야 할 이유가 없다. 즉 하나님이신 예수님이 십자가 상에서 대속하면서 만인의 모든 죄를 사해 주시겠다고 사면(Pardon)하셨다면 최후에 심판하실 이유가 없다. 이는 '제한된 속죄'를 잘 설명해 준다.

### 2) 믿음과 신념의 차이(Faith와 Believe In의 차이)

성서적 믿음의 정의이다. 'Faith'는 원칙적으로 구원에 관한 용어이다. Faith Of Jesus. 이것이 구원에 이르는 하늘로부터 내려오는 믿음이다. 이것이 Faith In Jesus로 오역되었다. 한국말로 '예수 그리스도 안에서의 믿음'이라고 번역되어 있다. 'Faith of Jesus'로 예수 그리스도 자신의 믿음이다. 그런데 Faith of Jesus가 아닌

Faith in Jesus는 스스로 믿고 작정하는 것, 즉 자유의지에서 나오는 각오나 신념이다. Believe in도 자유의지에서 나오는 행위이다. '믿음은 보이지 않는 것들의 실상이다'의 믿음은 예수 그리스도의 믿음(Faith of Jesus)이다. 즉 Faith of Jesus는 예수 그리스도의 작정, 예정, 대속하심이지만, Believe in은 행위에서 나오는 각오, 신념이다.

정신일도 하사불성의 결심은 성서적 구원에 이르는 믿음이 아니고, 행위구원론을 주장하는 자들의 믿음이라는 뜻이다. 이것은 Faith of Jesus가 아니고 Believe in이나 Faith in Jesus이다. 성경에서 나오는 겨자씨같이 작은 믿음은 Faith of Jesus로 구원에 이르는 믿음, 삼위일체 하나님이 주시는 믿음이다. 원대하신 조물주 하나님의 믿음 중에 아주 작은 겨자씨만한 믿음이라도 우리 인간에게는 지극히 크신 하나님의 구원 선물이다.

이 그리스도의 믿음, 성령이 오시면 그 안에서 싹이 나고 성령의 열매가 맺혀 구원되어 간다. 아브라함이 이삭을 바친 것은 Faith of Jesus 믿음이다. 이것은 하나님의 예정을 말씀해 준다. 다윗과 골리앗의 돌멩이도 같은 예이다. 하나님은 위대하시고 경배 받으실 대상이시다.

성령님=예수 그리스도의 믿음, 은혜구원으로 중생되지 않고 선악과 양심에 의한 수평적인 행실, 선행, 각오, 노력들로 중생된다는 행위구원론자들의 범종교적인 구원관은 비성서적이다. 조물주 하나님과의 수직적인 속죄가 이루어지지 않은 회심 등으로 얻은 믿음으로는 구원되지 못한다는 의미이다. 신령과 진리의 예배가 아닌 신령과 진정의 예배의 차이다.

부활체(resurrection)가 되어 천국으로 가는 것도 우리를 구원해 주시는 Faith of Juses, 예수님의 믿음으로 가는 것이다. 소생체(resuscitation)로는 천국 가지 못하고 부활체가 되어야 한다.[22] 예수

---

[22] 하나님이 아담에게 주신 호흡이란 조물주의 힘, 에너지, 특수한 주파수를 가진 에너지로서, 흙으로 만든 우리 몸에 전자가 원자 주위를 돌면서 내는 전기 작용에 몸이 움직임을 볼 수 있다. 찬 공기와 더운 공기가 마찰하면 보이지 않는 바람이 불어 나오듯이 성령도 보이지 않으면서 임재하신다. 분명히 예수님께서도 특별한 주파수(Kinetic Energy)로 살아나시듯이, 우리도 하나님만이 가지고 계시는 파워의 매체, 어떤 주파수로 부활하게 하실 것이다. 초음파처럼 보이지 않으나 서로 맞는 주파수가 있어 천사장의 나팔소리로 죽은 자가 살아나고, 공중에 이끌림도 있을 것이다. 부활 후에는 향상된 우리들의 육체를 만질 수 있으며, 중력이나 인력을 이겨 시공을 초월하여 둥둥 떠다니기도 할 것이다. 부활하신 예수님은 귀신이 아니라 우리와 같이 먹고 같이 계셨다. 이와 같이 우리도 예수님의 재림 때 부활체가 된다. 소생체란 죽은 자가 살아났던 나사로의 죽음과 같이 목숨은 돌아오나 시공을 초월하지 못하고 중력의 제한을 받게 되는 것이다. 그러므로 천년왕국설은 소생체가 되어 이 땅에 거주하게 되는 것이기에 비성서적이다. 천년왕국이 아니라 '천년의 통치 기간'으로 이 기간은 이해하여야 하고 이 땅 기간이고, 예수님의 재림 때 우리의 부활은 소생체가 아닌 부활체가 되어 천국(새 예루살렘)에 거한다.

님 재림 때 많은 사람들이 죽은 자가 부활체가 아닌 소생체가 된다는 오해 때문에 천년왕국설에 빠져 있다.

예정된 자들, 그리스도의 믿음으로 구원된 자들은, 성령으로 거듭남으로 당연히 성령의 열매 9가지가 한 번에 한 덩어리로(단수로 나타난다) 만들어진다(갈 5:22-23). 그러나 성령의 은사는 9가지로(복수형으로) 한 번에 한 덩어리가 아니라 각각 다르게 주어진다(고전 12:8-11, 복수로 나타난다). 성화란 우리가 거룩해지는 것이 아니고 오히려 Sanctification으로 '구별시키신다'는 것이다. 시편 23편처럼 그분의 "이름을 위하여" 분리시키시고 마지막까지 견인하신다. 우리는 복스럽게 Sanctification의 부류에 들어간 것이다. 예수 그리스도의 믿음으로 구원, 중생, 성화, 영화 과정에 이르도록 인도하신다.

우리가 천당에 가도 하나님같이 되지 못한다. 조물주와 같이 되진 않는다. 탕자의 비유에서 탕자는 아버지의 무관심 등을 원망하지 않고 자신의 잘못을 인정하며, 다른 곳으로 가지 않고 자신의 위치를 알고 먹을 것이 많은 아버지 집(하나님 아버지)으로 돌아간다. 이것이 회개하는 마음이다. 아버지는 돌아오는 아들을 상거가 멂에도 알아보고, 껴안으며, 목욕시키고 입히신다. 즉 아버지는 아들이 돌아올 것을 이미 알았고, 하나님께서는 예정된 자를 기다리고 계신다.

결론적으로 구원되는 믿음이란, 저주받은 선악과 양심의 발로에 의한 행위구원론적인 행실, 노력, 각오, 신념 등으로 구원을 쟁취하는 것이 아니고 예수 그리스도의 믿음 즉 예수 그리스도 자신의 대속적 사랑, 예정 은혜로 우리에게 들어오시는 피동적인 타의적인 방법으로 구원하신다. 바울 사도의 구원이나 리브가의 배 속에서 선택된 야곱이나 죽기 몇 시간 전 구원된 한쪽 강도 등 예수 그리스도의 노력에 의해 예정된 은혜구원의 성서적인 예이다.

# 제3장

# 과학과 인간

  2장까지는 창조와 은혜구원에 대한 것이었다. 제3장에 들어가기 전에 인간, 사람을 설명한다. 지구가 적도에서는 시속 1,500마일 정도로 자전하고 있다. 태양 역시 은하계를 공전하고 있다. 하나님께서 우주를 창조하시고(지금부터 5,783년 전에[23]), 루시퍼를 그 우주 속에 가두셨다. 계시록에 보면 언젠가는 다 없어지고, 루시퍼가 한 번 풀려나고 영원한 불못으로 떨어지고 끝이 난다.

  지구 외에는 인간이 없고, 우리 같은 생명체도 없다. 노아 홍수 전 네피림이나 거인들이 있었으니, 그들은 우리보다 10배는 더 살았고, 신체도 크고 강하고 지능도 좋았을 것이다. 물질문명은 우리보다 10배나 발전하여 UFO를 타고 다른 위성으로 다녔을 수도

---

23) 유대인의 계산법(현재 생존 랍비들이 계산한 성경적 지구 창조 연대)

있다.[24] 현재 바닷속이나 극지방의 빙하 밑에서 발견되는 놀라운 건축물, 불가사의 문명들은 노아 홍수 전에 건설된 문명이 수장된 것일 수도 있다고 본다.

어찌하든 하나님이 여섯째 날에 지구에 있는 흙으로 인간을 만드셨다. 인간 몸의 구성인 세포 핵 속에는 생존정보를 함 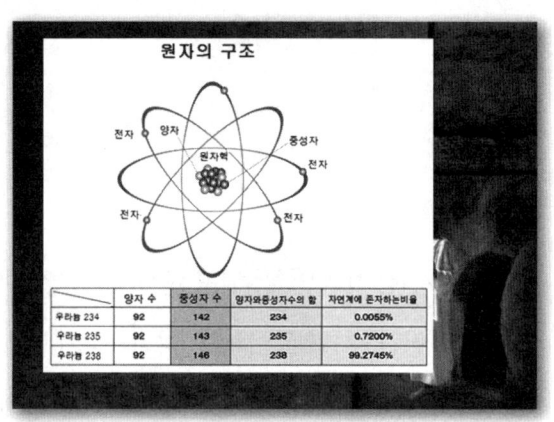 유한 모든 유전자가 들어 있다. 과학이란 하나님께서 만드신 것으로, 피조물, 창조물을 인간이 분해하고, 잘라 보고, 긁어 보고, 열어 보고 연구하는 학문이다.

---

[24] 창세기 6장 1-2절의 "사람이 땅 위에 번성하기 시작할 때에 그들에게서 딸들이 나니 하나님의 아들들이 사람의 딸들의 아름다움을 보고 자기들이 좋아하는 모든 여자를 아내로 삼는지라"의 해석 중 하나님의 아들들을 천사로 해석하는 것은 잘못이다. 유전학적으로 천사는 인간과 다르며 다른 종끼리의 세포 결합이 가능치 않으므로 하나님의 아들들은 천사는 아니다. 아마도 셋의 아들들의 후예가 가인의 후손들과 결혼했다고 해석을 하면 참고가 될 듯하다. 그리고 홍수 전의 인간은 지금의 10배는 수명이 더 길었으므로 모든 문명도 그만큼 발달했으리라 추측 가능하다.

제한된 피조물인 인간의 눈은 너무 작은 것은 보지 못한다. 전자현미경으로 세포를 들여다보면 세포 속에 핵이 있고, 핵 속에는 핵산단백질이 있고, 여기에는 DNA, RNA가 있고, 그것을 쪼개 보면 원소가 있으며 그 속에 원자, 전자가 돌고 있고, 그것을 더 자르면 쿼크(Quirk)가 있고 그 이하로는 없다. 없다는 말은 못 본다는 것이다.[25]

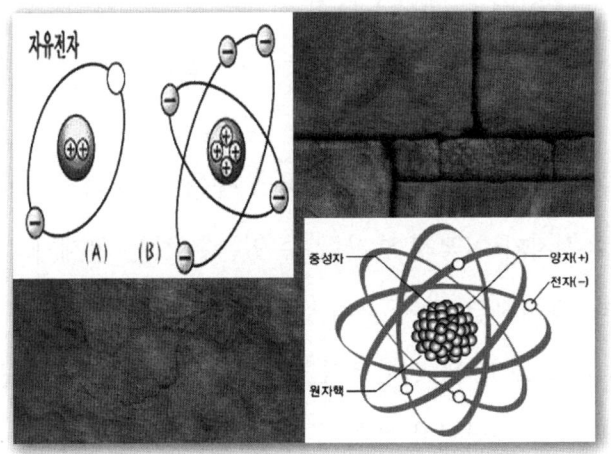

---

[25] 원자를 더 쪼개면 Quirk라는 작은 물질이 있어서, 이것이 잡아당기는 힘의 원천이라고 생각했으나 해답을 얻지 못했다. 전자를 더 쪼개면 무엇인가 나와서 서로 끌어당겨 결합하는 인력과 중력이 있다고 보고, 10billion(100억)을 들여 건축한 Cern에 설치한 H Collider로 이것을 찾아내려는 연구 끝에 두 전자를 초고속으로 충돌시키면 깨져서 생기는 Higgs Boson 입자가 하나님이 천지 창조 때 쓰신 입자라고 하는 연구를 진행하고 있다. 이 입자가 모든 인력과 중력의 근본 힘이라고 생각하고 엄청난 돈과 시간을 낭비하고 있는 실정이다. 그러나 성경의 정답은 이해하지 못한다.

인간의 몸은 수억만 개의 세포가 있다. 과학적으로 보면 인간이 손을 한 번 털 때 죽은 세포 200개가 떨어지고, 죽으면 분해되어 흙이 되며, 지구는 모든 생물의 핵산, DNA 세포들로 가득 차 있다. 인간뿐 아니라 동물도 식물도 모든 생물은 유전자로 가득하다. 예수 재림 시에 우리는 모두 부활하는데, 이론상 의학적 의견으로는, 우리의 한 세포 속 염색체 하나만 있으면 하나님은 그것을 가지고 인간을 복제하듯이 부활체로 부활시킬 수 있다. 즉 조물주의 흙으로 인간을 창조하시는 그의 권능이다.

화장한 사람은 유전자, 세포, DNA 등이 모두 타서 없어지는데 세포와 유전자가 어떻게 부활할 수 있는가 하는 문제가 제기된다. 이에 대해 답하자면, 그가 죽기 전에 머리털, 손톱, 대소변 등 수백만 개의 DNA을 땅에 떨어트려 놓았을 것이고, DNA에 반감기가 있다 하더라도 복제되며 부활이 가능하다.[26]

---

[26] 부활체가 될 때, 예수님의 기도 중 '하나님이 주신 자를 하나도 잃지 않고 다 데려가신다'(요 17장)에 의하면, 우리 유전자가 어디 있으며 언제까지 살아 증식되느냐 질문이 있을 수 있다. 하나님께서 우리 유전자에 에스겔 선지자가 본 마른 뼈 해골에 살을 붙이심같이, 반감기가 지난 DNA도 재생, 복제될 수 있으므로 한 유전자, 한 DNA만 있어도 인간 복제가 과학적으로 가능하다. 따라서 중성자보다도 더 강한 카이네틱 에너지(Kinetic Energy)나 전자의 힘으로 시공을 초월하는 부활체를 만드신다. 필자의 의학적 상식으로는 부활시키시기 위해 수억만 개의 몸속 세포 중에 단 한 개, 세포 하나 속에 있는 유전자만으로도 충분하다. 각각 형태가 다른 인간이 부활되어야 하기 때문이며 한 세포에 포함된 유전자 하나만 있으면 여기에 하나님께서 창조 시에 부여했던 그(같은) 호흡보

인간의 부활체는 예수님의 부활체처럼 인간 본인의 유전자와 같은 형태의 살과 뼈가 있는 육체적 몸이다. 이는 초능력과 초자연적인 상태로 중력저항도 이길 수 있고, 순간 시간 여행도 하고, 음식물의 소화와 배설 등도 초자연적인 극히 향상된 부활체이며, 천사들처럼 하나님이 계시는 카이로스에서도 살 수 있는 거룩한 몸이다.

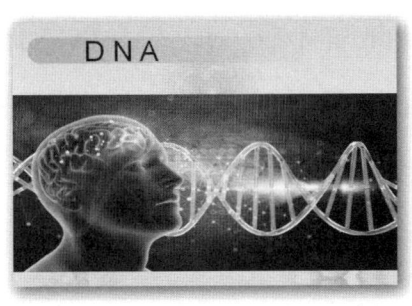

예수님이 오시면 다 부활한다. 같은 종인 우리 인간도 서로가 다 다르듯이, 우리 서로서로도 유전자가 다르다(백만 가지). 그러므로 같은 무덤 속에 있는 두 인간이라도 서로 형태나 특성들이 섞이지 않는다. 인간 세포는 복제되어도 각 개인의 특이성이 있어 자기 것만 고집하

---

다 더 강하고 향상된 주파수의 에너지를 넣어 주심으로 천사장의 나팔소리에 인간을 복제하듯이 부활체로 부활될 수 있다고 본다. 반감기란, 방사선 동위원소로(방사선 물질인데) 방사선에서 나오는 전자의 활동이 1/2로 줄어드는 것을 말한다. 유전자 속에 들어 있는 모든 전자가 돌고 있는데(도는 힘이 전기에 의해서 만들어지고) 그 도는 압력의(=전압을 재면) 활동력이 원래보다 반절로 떨어지는 기간을 말하는 것이다. 예를 들면, 어떤 사람의 유전자의 원소양자가 50이라면 25가 되기 위해서는(반감되려면) 최소 5,000년이 지나야 한다는 말이다. 반감되어도 여전히 증식되는 힘은 남아 있다. 즉 DNA가 있어 부활 때 각 사람마다 각각 다른 형태의 부활체로 부활되며 예수님의 재림의 시간까지도 사람의 DNA는 살아 있다는 것이다.

고 다른 것을 거절하는 거절 반응이 있다.

### 1) 세포는 어떻게 되어 있나?

아담과 이브를 흙으로 만드시고, 아담이 흙이므로 동물, 식물도 모두 흙으로 만드셨다. 양자역학적으로 보면 우주 만물이 다 똑같은 원자구조이다. 유전학에 의하면 식물들도 세포 속에 핵이 있고, 그 속에는 핵산이 있고, 그 속에 염색체가 있다.[27] 그러나 그 염색체 숫자는 각각 다르다. 현미경으로 들여다보면 생식세포 곧 정자나 난자는 사람이나 동물이나 거의 형태는 다 똑같다. 그러나 염색체 숫자는 각각 다 다르다.

모든 육체는 체세포의 증식으로 성장한다. 즉 염색체 숫자에 변동이 없다는 말이다. 그러나 생식을 위한 생식세포는 체세포와 달리 염색체 숫자가 절반으로 줄어드는 반감 현상을 나타낸다. 암수의 염색체가 합하여 체세포의 염색체가 되기 위해서는 암수의 염색체 수가 반감되어야 한다. 생식 번식은 암수의 결합으로 되기

---

[27] 뉴욕의 콜드 스프링 하버 공원에 소재하고 있는 연구실의 연구 결과이다. 주소는 다음과 같다. Cold Spring Harbor Environmental Center, 95 Harbor Road, Cold Spring Harbor, NY 11724

때문이다. 생식세포가 왜 반감되는지 과학적 의학적으로는 증명되지 않지만, 조물주가 그렇게 창조하셨다. 이렇게 세포에는 핵 속에 핵산이 있고, 그 속은 원소(카본, 하이트로젠, 나이트로젠 등)로 되어 있고, 원소는 원자핵 주위에 전자가 돌고 있고, 양성자 중성자가 원자핵 속에 평행을 유지하고 있다. 인간뿐 아니라 무생물도 같다. 즉 형태만 다르지 사실은 모두 다 원소로 구성되어 있다. 무생물도 원자핵 주위를 전자들이 돌고 있으므로 그 속에서는 항상 움직이고 있다.

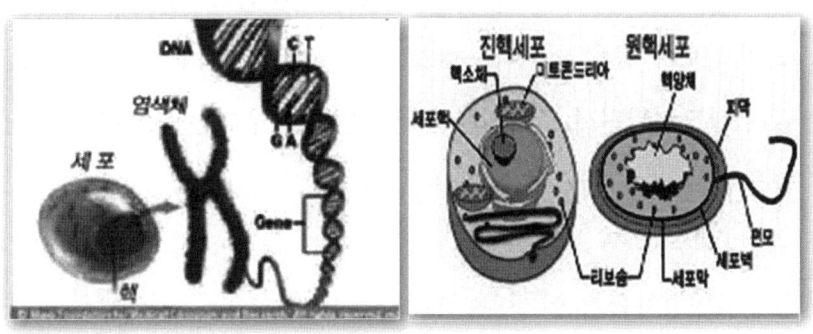

세포구조

흙으로 아담을 만들고 프뉴마(힘, 카이네틱 에너지=Kinetic Energy)를 불어넣어 생령이 되었다(Living soul). 몸(소마=Soma)에 에너지를 주면 사람의 활동이 시작된다. 창조 때 하나님께서 "있으라" 하면 그대로 되는 것처럼 인간도 생령이 되면 카이네틱 에너지로 움직이게 된다. 말씀의 능력이다. 이는 현대 양자역학으로도 증명이 된다.

인간의 모습을 하나님의 형상대로 지었다는 것은 form이나 shape가 아니고 이미지(image)이다. 레오나르도 다 빈치는 사람처럼 하나님을 표현했다(천지창조).[28]

### 2) 영혼육과 소명과 사명

외경에 의하면, 아담은 흙을 크게 만드셔서 키가 6척, 7척 정도로 우리보다 크다고 되어 있다. 그렇다면 후손들 곧 가인과 아벨도 우리보다 컸을 것이다. 육(소마)을 만들고 말씀을 하시니 진흙같이 부드러워져서 도자기처럼 구웠는지는 우리는 모르나 그곳에 숨을 불어넣고, 생령이 된다(Living soul).

정신의학자들은 인간을 이드(Id=소마), 에고(Ego=soul이 쌓이는 것), 슈퍼에고(Superego=Spirit)로 나누고, 성경에는 영, 혼, 육의 3분설과 2분설이 나타난다. 사도 바울의 글에는 3분설이 많이 나타나고, 시편의 "내 영혼을 소생시키시고"는 2분설이다. 육에 숨을 불

---

28) 그림은 우리에게 이해를 위해 그릴 뿐, 십계명에서 하나님을 그리거나 만드는 것은 금지됨.

어넣으면 혼이 된다. 적외선 감지기로 보면 생물에는 아우라(Aura)가 나타나는데 이는 발산된 열이 감지된 것이다. 열역학적으로 보면 모든 생물은 세포의 미토콘드리아에서 APT가 ADP로 되면서 열이 발생한다.

이 혼은 육이 죽으면 떨어져 나와서 주신 분에게 돌아간다. 정신의학자들이 말하는 슈퍼에고는 혼에 작용하는 제3의 스피릿으로 영(Sprit)을 말한다. '하나님은 영이시니 신령과 진리 안에서 예배하라.' 즉 영이란 좋은 영과 나쁜 영으로, 성령(하나님의 영)이나 악령(사탄들의 영)이 우리 혼에 작용한다.

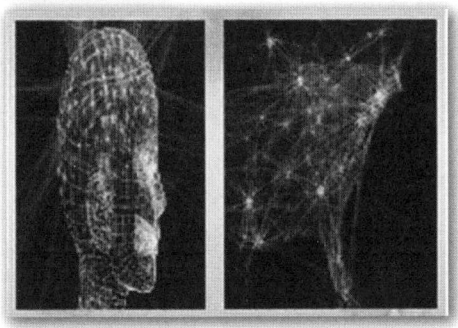

**인간의 뇌파**

인간의 뇌는 두부 같은 물질, 즉 콜레스테롤 덩어리로 구성되어 있으며 모든 신경들의 집합체로 우리 몸을 지배, 지휘한다. 인간의 뇌에 알파, 베타, 감마 같은 주파수를 발사하면 주파수에 따라 인간의 생각과 행동이 반응하므로 인간의 혼에 어떤 영이 작용하느냐에 따라 인간이 달라진다. 이것은 과학적인 설명이고, 성경적으로 말하자면 성

**인간의 EEG – 뇌파의 종류**

| 종류 | 진동수 | 정신상태 | 진폭 | 세포 | 심리 | 각성시 |
|---|---|---|---|---|---|---|
| 델타파(δ) | 0.1–3 Hz | 깊은 수면 | 고 | 다 | 내면 | 폭발적인경 |
| 세타파(θ) | 4–7 Hz | 수면 | ↑ | | 내면 | 주의각성 |
| 알파파(α) | 8–12 Hz | 안정, 휴식 | | | 중간 | 정신적안정 |
| 저베타파(β₁) | 12–20 Hz | 작업중 | | | 표면 | 각성활동 |
| 고베타파(β₂) | 21–30 Hz | 작업중 스트레스 | | | 표면 | 정신적불안 |
| 감마파(γ) | 31–50 Hz | 스트레스 흥분 | 저 | 소 | 표면 | 스트레스 |
| SMR파 | 12–15 Hz | 각성, 준비 | | | | 주의각성 |

령이 오시면 성화되는 것과 같다. 악령들이 우리를 미혹한다. 루시퍼는 우주 창조 직후부터 우주에 갇혀 있으며 천국에서 추방된 천사들과 함께 영적 존재인 그의 졸개들이 우리에게 영적 주파수를 보내어 하나님의 자녀들을 유혹하고 이간질하며 괴롭힌다.[29]

아담의 히브리어 뜻은 '붉은 흙'이다. 모든 동물과 식물도 다 흙으로 만들었고, 다만 염색체 수만 다르다. 염색체 수가 다르면 각각 다른 종(species)이 된다. 종족 유지도 염색체 수가 동일한 같은 종끼리의 교미로 이루어지며 염색체가 다른 종과는 후세를 생산하지 못한다. 생식세포(난자, 정자)는 반감하여 같은 종의 생식세포

---

29) 예) 사울이 사무엘을 영매를 통해 불러낸다. 이 말은 진짜 사무엘이 나오는 것이 아니라 귀신이 사무엘 행세를 하고 나온 것이다. 귀신도 "귀신같이 일을 조금 안다."

와 결합한다. 사람과 원숭이는 결합, 번식이 안 된다(염색체 수 23과 24는 안 된다). 예외로 진화와 돌연변이는 같은 종 안에서 아주 천천히 조금씩 일어날 뿐, 다른 종으로는 변하지 않는다. 생식세포 두 유전자 결합이 조금만 틀어져도(1/100만) 기형아가 나온다. 즉 같은 종 내에서만 종족 유지가 된다. 종류대로 번식시키시는 하나님의 권능, 능력에 숙연해진다.

그러나 영체, 천사들은 생식하는 육체가 아니고 하나님이 부리시는 영이기에, 하나님께서 부르시면 변화 없이 그대로 카이로스에 올라갈 수 있다(욥 1:6-7). 구약의 천사도 사람의 탈을 쓰고 사라에게 오가며 하나님의 명령을 수행한다. 인간, 천사 모두 하나님의 피조물이므로 언제든지 조물주가 원하시면 소명되어 쓰일 수 있다.

그러나 어떤 사람이 하나님께 소명되어 쓰였다고 해서 구원되는 것은 아니다. 예를 들어, 느부갓네살이나 가룟 유다는 하나님께서 사용하셨지만 구원과는 관계없다. 다만 하나님의 계획 속에 어떤 용도로 사용되도록 조물주께서 허락하셨느냐이다. 루시퍼와 악한 영들은 하나님의 일을 방해하는 데 사용되도록 하나님이 허락하셨다. 즉 하나님께서는 하나님의 뜻을 이루시기 위해 하나님의 사람을 쓰기도 하고 악령들을 쓰기도 하신다. 하나님께서 사용하신다고 해서 영체나 인간의 구원이 보장되는 것은 아니다. 성경 말씀에 '소명은 받았으나 구원이 되는 것은 아니다'(For Many are called, but few are chosen)라고 했다(마 22:14).

### 3) 이브 문제

창세기의 내용은, 지구 속에 에덴동산을 만들고, 이곳에 네 강이 흐르게 하시며[30] 인간을 만들어 놓으시고, 즉 혼에 하나님의 영을 넣으시고, 하나님과 교제하게 하고, 처음 남자 아담이 홀로 독처하는 것이 좋지 않아 여자 이브를 만드신다. 아담의 갈비뼈를 뽑아 아담의 살(flesh)을 붙였으며 재료는 흙이다.

여기서 남녀 동등 문제가 제기된다. 아담과 이브를 동등하게 하실 계획이었다면 독립된 자로서 이브도 아담처럼 흙으로 하나 더 만들어서 아담에게 데려다주셨을 것인데 그렇게 하지 않으셨다. 이브(여자)의 소속은 아담이며, 남자의 도우미가 되는 역할을 위해

---

30) 1) 피손(Pison): 금이 있는 하윌라의 온 땅을 둘렀으며 2) 기혼(Gihon): 에디오피아의 온 땅을 둘렀으며 3) 힛데겔(Hidedekel): 아시리아 동편으로 흐르더라 4) 유프라테스(Euphrates)

만드셨다. 원래 하나님의 창조 목적대로 아담을 만드시고, 이후에 그가 독처하는 것이 좋지 않으므로 이브를 만드셨기 때문이다.[31] 이것도 하나님의 인간 창조 질서라고 볼 수 있다.

### 4) 선악과

"선악을 알게 하는 나무의 열매는 먹지 말라 네가 먹는 날에는 반드시 죽으리라"는 조물주 하나님의 권위를 말씀하신 것이다. 아무리 하나님께서 인간을 사랑하신다 할지라도 하나님은 주종관계의 시스템이 있다. 창조주와 피조물의 관계이다.

하나님은 인간에게 자유의지를 주셨다. 일부의 사람들이 말하기를 하나님이 인간을 테스트하기 위해 자유의지를 주셨다고 하지만, 인간이 하나님의 말씀을 거역하고 사탄에게 넘어갈 것을 하나님은 알고 계셨음을 잊지 말기를 바란다. 아담과 이브가 선악과를 따 먹을 줄 알고 계셨고 그렇게 불완전하게 창조하셨다.

같은 예로, 날 때부터 소경 된 자를 데리고 와서 누구의 죄냐고

---

31) 남녀의 동등은 성경에서 볼 때 분명 같은 질의 흙으로 창조되고, 서로 도우미로서 움직이며, 또한 부부가(남녀가) 연합되어 생산하므로, 인권 동등권을 가지고 있음은 분명하다. 그러나 창조질서적인 면에서 볼 때 아담의 갈비뼈가 근본이므로 여자는 남자에 속하며 기능상 남녀평등권으로 간주되어야 한다(창 2:23).

묻는 것과 같다(요 9:1-7). 따 먹을 것을 알았다면 하나님은 고약한 분이요, 몰랐다 하면 전지전능의 문제가 생기기 때문이다. 즉 조물주께서 그렇게 창조하셨으므로 구원 사역의 십자가 대속, 그리스도의 초림 등이 이해된다. 하나님이 인간에게 생존을 위해 자유의지를 주시나 절대로 자유의지는 자기를 구원하지 못한다.

선악과를 따 먹은 결과를 보면, 인간은 사탄의 유혹에 빠질 만큼 전적 타락[32]될 자로 만드셨다. 루시퍼도 이것을 안다. 창세기 3

---

32) 1618~1619년에 네덜란드에서 열린 도르트(Dordt) 회의에서 야곱 알미니우스(야코부스 아르미니우스)가 은혜구원이냐 행위구원이냐의 논쟁을 시작하여 지금까지 싸우고 있다. 행위구원은 하나님께서 은혜를 주셨지만 내가 받아들여야 한다는 것. 행위책이나 기념책에 충분히 기록되어야 생명책에 올라간다고 말한다. 그러나 칼빈의 5대 강령이 도르트 회의에서 인정(1817~18)되고, 칼빈이 1617년에 발췌해 낸 성경적인 5대 강령이 네덜란드에서 인정된다. 전적 타락(Total Depravity): 성경을 보면 인간은 완전 타락되었다. 로마서 5장 12-20절(의인은 없다), 시편 143편(주의 면전에 살아 있는 사람은 의롭다 할 사람이 없다), 예레미야 17장(사람의 마음은 만물보다 악하고), 전도서, 창세기 노아의 홍수에서는 사람들의 사악함을 보시고 다 멸하신다. 인간은 하나님의 토브가 없다. 의롭지 않다는 것. 옳을지(justice)는 몰라도 공의(righteousness)는 없다. 인간이 끝까지 자신의 의를 주장 또는 의지할 때 하나님께서 내버려 두신다고 했는데, 이것은 유기이다. 이들(내버려 둔 사람)은 '선악과 양심'이 주관하고 토브는 없다. 이것을 인정할 때 전적 타락을 깨달을 수 있다. 알미니안들은 부분적 타락이라고 주장한다. 예수님께서는 하나님과 하나님 나라를 말씀하시려 인간의 몸으로 이 땅에 오셨다. 구약을 완성하기 위해 오신 것이지 패하러 오신 것이 아니다. 즉 창세 전에 목 베임을 당하셔서 우리를 구원하심을 알게 해주시기 위해 오셨다. 또 창세전에 목 베임을 당한 하나님의 어린양을 보여 주시기 위해 오심이 오신 목적 중의 하나이다. 우리는 전적 타락한 사람들이다. 구원론 쪽에서는 완전 타락이다. 그러나 인간 쪽에서는 선한 마음이 있으니, 필자는 이를 "선악과 양심"

장 5절에 "너희가 그것을 먹는 날에는 너희 눈이 밝아져 하나님과 같이 되어"라고 사탄이 유혹했다. 그러나 실제로 인간은 신이 되고 싶어서 먹은 것이 아니고, 유혹을 거부할 수 없는 전적 타락된 존재라는 데에 중점이 있다. 선악과를 먹지 말라 하신 것은 여자를 만들기 전에 아담에게 하신 말씀이다. 여자 말을 듣고 선악과를 먹은 남자도 여자의 말을 부정할 수 없게 만들어져 있다. 만약 아담과 이브가 선악과 열매를 따 먹지 않았다면, 천당과 지옥도 없을 것이고, 개체 종족 유지도 없을 것이라는 해석은 비성서적이다.

다행히 성경이 있어서 인류의 기원과 우주 창조와 인간 창조의 목적을 알게 하신다. 즉 이 우주에 지구라는 조그마한 장소를 만드셔서 창세전에 목 베임을 당하신 어린양의 생명책에 기록된, 예정된, 구원된 자들의 찬양과 충성과 순교를 루시퍼에게 보여 주시기 위해 인간을 창조하셨다고 생각할 수 있다. 인간은 스스로 구원받을 수 없는 전적으로 타락한 자들이므로 루시퍼의 유혹에 넘어갈 수밖에 없다. 이 타락한 루시퍼를 가두기 위해 우주를, 그 속에 지구를 창조하시고, 그곳에 흙으로 인간을 만드시고, 예정된 자

---

이라 명명한다. 이것은 공의가 아닌 정의이다. 즉 구원에서는 완전 타락이요 인간 쪽에서는 부분적으로 타락이고 정의이다. 하나님 앞에서 우리는 흙덩어리요 먼지이다. 바울도 내가 죄인일 때에 주님이 찾아와서 중생시키셨다는 것을 알고 전적 타락을 인정한다.

를 은혜구원 하심을 보여 주신 은혜, 사랑, 공의를 기록한 것이 성경이다. 그러므로 성경 전체에 담긴 하나님의 계획과 뜻과 목적을 깨달아 성경을 바르게 알아야 한다.

### 5) 예정

성서적인 예정이란 조물주 하나님께서 우주와 인간을 창조하시기 전 즉 태초에 카이로스에서 조물주의 권위와 권한으로 창조될 인간 중에서 얼마를 구별하여 택하기로 결정하셨다는 것(Unconditional Election)이며, 삼위일체 하나님이 모두 동의하여 결의하셨고 계획하셨다는 뜻이다. 좋은 사람과 나쁜 사람 중에서 골라서 택하신 것도 아니고, 또 좋은 사람과 나쁜 사람이 태어날 것을 알고 좋은 사람만 택하셨다는 예지예정도 아니다. 무조건적인 선택, 구별하심이다.

하나님의 공의로우심(Righteousness)이란 첫째, 조물주 하나님께서 하신 일에 대해 전적 책임을 지신다는 뜻이며, 하나님이 원하셨기에 성부 하나님의 계획 성취를 위해 성자 하나님이 십자가에서 목숨을 바쳐서라도 예정된 자를 책임지겠다는 의지를 나타내신다.
둘째, 성령 하나님이 이들을 끝까지 성화시키시겠다는 작정을 삼위 하나님이 투표, 동의, 결의하시고 시행하겠다는 강한 의도로 나타내신 것이다. 이(Election) 모든 것이 창세전 카이로스에서 이루어졌다고 성경은 말한다.

셋째, 루시퍼와 타락한 천사들도 하나님께서 그렇게 불완전하게 창조하셨고, 인간을 그렇게 타락하게 만드신 총책임도 조물주 하나님께서 지신다는 것에 하나님의 공의로우심이 나타난다.

넷째, 최후 심판 때 루시퍼, 타락한 천사, 불신자들이 한결같이 조물주 하나님이 자신들을 그렇게 창조하신 것이라고 항변할 것을 하나님은 알고 계시며, 삼위 하나님이신 예수 그리스도의 십자가 상 피 흘리심(죽으심)이 공의로운 하나님이심을 증명하는 구원 사건임을 보여 준다. 즉 예정 은혜구원에 대한 구속사적인 표현이자 재연이다.

하나님의 선(공의=Righteousness)은 '의'(공의)다. Justice(정의)가 아니다. Justice는 인간 사이의 정의이고, 하나님이 가지신 토브(חוב)는 아니다. 우리는 그 토브까지 이르지 못한다. 다만 하나님께서 조물주이므로 다 책임지신다는 것이 토브이다. 여기서 예정이 설명된다.

그러면 하나님께서 이것을 이미 알면서도 왜 선악과 열매를 놓고 우리에게 명령하시는가. 결국 루시퍼에게 보여 주고, 루시퍼를 심판하며, 예정되지 못한 자들의 불평과 항변에 답해 주시기 위함일 수도 있다. 이를 위해 예수님 초림의 목적이 설명되고, 죄와 의와 심판에 대한 말씀이 나온다. 즉 조물주께서 책임지기 위해 십자가 죽으심과 부활, 승천을 보여 주신다. 이것이 하나님의 토브다. 이 사실을 성령께서 예정된 자들에게 믿게 하시고, 중생하면 성령님께서 알게 하시며 끝까지 견인하신다.

'에덴동산의 모든 나무를 먹지 말라 하더냐?' 사탄은 인간의 신념(Believe)인 제한된 자유의지를 통해 유혹한다. 내 자유의지로는 나를 구원하지 못한다. 오히려 자신의 자유의지는 스스로를 죽이는 자살까지도 선택할 수 있다. 그러나 죽는 순간에 한순간만 더 살고 싶다고 하나 자신을 살리지 못한다. 그러면 이 책임을 누가 지는가. 예수님이 지신다. 그러므로 십자가에서 죽으신다.

예수님은 하나님의 공의를 책임지기 위해서 오셔서 죽으신다. 창세전에 목 베임을 당한 어린양을 설명해 주기 위해서 자신이 만드신 시공간의 세상으로 들어와 십자가에서 죽으시고, 무덤 속에 계실 때 영으로서 첫째 날은 구원된 한쪽 강도와 성도들의 영들과 함께 낙원에 계셨고, 둘째 날 음부에 내려가서 루시퍼와 구원되지 못한 자들의 영에게 공의로우심을 선포하시고(proclaim) 못 자국을 보여 주신다(벧전 3:16).

일부 학자나 혹자는 예수님께서 음부에 내려가서 전도하셨다고 말한다. 만약 전도하셨다면 이중 구원을 의미하는 것이다.[33] 유대인이나 혹자들은 지금도 천년왕국을 기다린다.[34] 예수 그리스도의 십자가 대속이 이 세상 모든 죄인을 위함이라면(만인 구원이라면) 천당과 지옥이 왜 있겠는가. 유대인들은 예수님이 초림 때 그들의 왕국을 세우지 못했기에 미래에 다윗이 통치하는 천년왕국

---

[33] 예수님께서 사망하신 후 음부에 내려가서 전도를 하셨다면, 사람이 죽은 후에도 구원을 받을 수 있다는 것이며(천주교의 연옥과 같음), 유대인의 구원을 계시록 7년 환란 중에 후 3년 반과 연관시킨다면 유대인은 이중 구원이 된다는 것이므로 비성서적이다.

[34] 계시록에서 다룰 문제이나 본 창세기 강의에서 천년왕국에 대해 대략만 요약한다면, 천년왕국이라는 말은 성경에 없다. 다만 "천년의 통치 기간"이라 되어 있다. 그러므로 천년왕국을 주장하는 것은 맞지 않다. 잘못된 해석으로 말미암아 전천년설, 후천년설, 무천년설 등이 나오게 된다. 이 주장들 중 전천년설에 의하면 예수님의 재림이 두 번이며, 특히 후 3년 반이 유대인을 위한 기간이라고 한다. 이는 이중 구원이 되기 때문에 크게 잘못된 해석이다. 성경에서는 '천년의 통치 기간'이므로 천년의 기간을 언제로 보느냐에 중심을 두어야 한다. 창조 시작을 B.C. 5783년부터 예수님 재림까지로 본다면 무천년설에 해당하나 무천년설도 맞지 않다. 무천년설은 이 세상이 낙원이 될 때 예수님께서 재림하신다고 주장하기에 잘못이다. 이 땅이 어떻게 낙원이 되겠는가? 인간의 자유의지로 이 땅을 낙원으로 만들려 하는 노력은 좋으나 구원이나 재림과는 관계없으며, 계시록에서는 세상의 끝 날에 환난이 있다고 말씀하기 때문이다.

을 기대한다.

그러므로 세대주의자들은 전천년설을 주장하고, 7년 환란 중 후 3년 반은 유대인을 위한 기간이라고 주장하지만, 예수님의 재림은 한 번일 뿐이며 예수님의 재림 시에는 모든 죽은 자들이 심판의 부활체로 변한다. 부활체는 무중력 상태의 시공간을 초월하는 존재이며, 우주가 없어지고 공중 지상의 개념이 없어진다. 따라서 부활체는 천국 혹은 지옥으로 나뉘어 가게 된다. 조물주 예수님께서 십자가 선상에서 온 만민을 용서해 주라고 하며 돌아가셨다면 모든 죄가 사라지므로 천당과 지옥이 존재해야 할 이유가 없지 않겠는가.

우리는 제한된 자유의지 소지자이다. 우리에게 주어진 자유의지는 제한된 것이다.[35] 이것은 우리의 삶 속에서 선택이나 사역적 소명에 응할 수는 있으나 구원에 이르는 힘은 없다. 절대 아니

---

[35] 하나님의 시스템에 도전한 루시퍼는 마지막에 영벌에 가지만 잠시 동안 이 우주 감옥소에 가두어 놓아야 한다. 하나님 주권이다. 쫓겨나기 전 에덴동산은 임마누엘이므로 개체 유지나 종족 유지가 필요 없으나, 에덴동산 밖은 무화과 잎으로는 안 됨을 아시고(하나님의 통치를 벗어나는 곳이므로), 가죽옷(coats of skins, 복수이다)을 만들어 입히신다. 자유의지를 인간에게 주셨으나(따 먹지 마라, 이름을 지어라, 다스려라) 신같이 되라고는 하지 않으셨다. 자유의지를 주장하는 사람들은 구원도 자유의지로 할 수 있다고 생각하나 그 자유의지는 제한된 자유의지일 뿐이다. 즉 흙덩어리로 살면서 순종해야 할 뿐이다. 하나님의 토브와 우리의 선이 다름과 같다. 인간에게는 '선악과 양심'이 다 들어 있다.

다. 궁극적인 구원은 우리가 죽은 다음에 영생의 부활과 영벌의 부활 중 영생의 부활로 가는 것이며 누군가가 살려 주셔야만 한다. 따라서 자유의지로는 자신을 소생시킬 수 없으며 부활시킬 수도 없다.

자유의지를 주장하는 사람들은 만인구원론을 주장한다. 자유의지로 예수님을 영접하면 천당이요 그렇지 않으면 지옥이라 한다면 누구나 받아들이지 않겠는가. 그러나 진정으로 자유의지와 관계없이, 행함과 관계없이 누가 받아들이냐의 문제이다.

일반적으로 구원받는 길을 "마음으로 믿어 의에 이르고 입으로 시인하여 구원에 이르느니라"(롬 10:10)라고 한다. 예정된 자 외에는 참으로 받아들일 자가 얼마나, 누가 있겠는가. 구원이 자유의지에서 나온다면, 누구든지 내 마음으로 믿는다 고백하여 구원을 얻는다면 지옥은 왜 존재하는가. '구하라, 찾으라, 두드리라'(마 7:7-8) 기도의 문제도 누가 찾고 구하고 두드리냐의 문제이다.

우리 혼에 성령님이 오셔야 믿게 된다. 이것이 중생이다. 성령께서 하시지 않으면, 즉 예정된 자가 아니면 구원될 수 없다. 중생은 성령님이 오셔서 죄를 회개시키시고 그 사람 속에 영원히 내주하시는 것이다. 더러운 귀신이 나갔다가 물 없는 곳을 못 찾아 일곱 귀신과 같이 예전 집으로 다시 들어간다고 했다(마 12:43-45). 선악과 양심에 의한 선한 삶을 살기 위해 수도승처럼 도를 닦고 수행하고 욕심을 버리고 선한 삶을 위하여 회심하더라도 성령님이 중생시키지 않으면 청소가 잘된 텅 빈 마음과 같다는 말이다. 또 그 마음은 성령님이 안 계시고 비어 있으므로 더 많은 더 악한 귀신들이 들어와서 나중 형편이 처음보다 더 악하게 된다는 말이다. 이것이 가짜로 중생되는 자들의 형편이다. 성령께서 중생시키지 않고 자유의지로 구원을 받은 줄로 속았다는 것을 의미하며, 결국 구원받지 못함을 뜻한다.

이는 아직 예정구원 되지 않은 자의 실태이다. 이것을 잘못 알고 자유의지로만 노력하고서는 구원을 받았다고 말하며, 성령이 계시지 않아 악령이 괴롭힐 때는 성령이 나가셨다고 해석한다. 성령님은 예정된 자, 중생된 자에게 들어왔다 나갔다 하시는 분이 아니다. 성령이 들어와 계시면 악령이 들어오지 못하나, 그렇지 않고 텅 비어 있어 더럽고 추악한 더 큰 영들이 들어옴으로써 더 악하게 되고 이상한 행동들을 하는 사람들을 많이 본다.

성령이 오시면 죄와 의와 심판에 대해 말씀하신다(요 16:24). 성령이 오셔야 죄를 안다. 그다음은 의다(예수님께서 부활하신 후 하나님께로 올라가시는 것이 의다. 즉 대속하고 부활, 승천하심은 하나님의 공의를 충족시키심이다). 조물주가 인간을 그렇게 만드셨기에 총책임을 지고, 죽으시고 살아나시고 승천하시는 것이 의다. 즉 의를 충족시키시는 것이 선(בוט)이다.

일반적으로 크리스천들은 심판에 대해서는 잘 알지만 의에 대해서는 잘 모르기에 예수 그리스도의 승천일도 지키지 않는다.[36] '내가 내려왔다 올라가는 것을 본들 너희가 믿겠느냐.' 이것은 예정된 자와 예정되지 않은 자의 구별로, 예정되지 않은 자는 보아도 믿지 않는다는 것이다. 사도 바울이 빌립보 교회의 유오디아, 순두게, 클레멘트가 생명책에 기록됨을 말하는 것은 그들이 예정된 자들임을 의미한다(빌 4:2-3).

여기서 우리는, 언약 백성인 이스라엘은 예수님을 몰라도 구원을 받을 수 있는지 궁금해진다. 하나님께서 아브라함과 언약을 맺고 후손들에게 천 대까지 복을 주신다 하셨으면 아브라함의 후손

---

36) 예수님께서 부활 후 40일 동안 계시다 승천하셨으므로 승천일도 부활절만큼이나 지켜야 한다. 부활하시고 승천하지 않으셨다면 무슨 의미가 있을까? 부활과 승천은 같이 가야 한다. 이 승천이 하나님의 공의를 충족시키심으로 의와 관계있다는 것을 알아야 한다.

인 그두라의 자녀들도, 무슬림 그들도 천국이 보장되는가, 아니면 이 후손은 오직 아브라함에 속한 12지파의 이스라엘 자손만을 말하는가. "땅의 모든 족속이 너로 말미암아 복을 얻을 것이라"(창 12:3b)라는 말씀에 의하면 아브라함의 후손은 이방까지 포함하므로 언약으로 구원받는 것이 아니라 예정대로 구원을 받는다고 볼 수 있다. 즉 언약 백성 중에서도 구원을 얻지 못하는 자가 있고, 이방 민족과 이방인들도 하나님의 예정으로 구원을 받을 수 있다.

또 간혹 기독교인들은 예수님 오시기 전 구약 시대에 죽은 성인들이 양심심판으로 천국에 간다고 말한다. 이 양심은 선악과를 따 먹은 후에 생긴, 죽을 수밖에 없는 저주받은 '선악과 양심'이고 제한적 자유의지에 기인하므로 구원에 이르지 못한다. 다만 창세 전에 목 베임을 당한 예수님의 피로 산 그들만 예수님께서 구원한다. 즉 크로노스가 생기기 전 카이로스에서 이루어진 은혜구원자 예수 그리스도의 공로로 구약 시대 성도들도 소급하여 구원되는 것이다. 예정이 불공평하다 항의하고 원망할 수 있기에 조물주인 예수님께서 십자가 죽음으로 대변하신다.

마귀는 계속해서 이것을 방해하고 우리 혼에 작용하여 만인구원설로 유혹한다. 만약 조물주가 다 용서해 준다면 최후 심판이 왜 있어야 하나. '누구든지 그(예수 그리스도)를 믿으면 영생을 얻는다'라고 하나 누가 믿는가. 사람이 어떻게 믿는가. 예정되지 않은 자들은 못 믿는다. 예정된 자는 성령님이 오셔서 구원시키시고, 하나님께서 빛과 소금 역할을 하게 하여 또 다른 예정된 자를 찾아내며 증인 된 자의 삶을 살아가게 하시려고 그들을 구원, 성화, 견인하심에 감사해야 한다. 찬양, 감사, 인정해 드릴 뿐 피조물인 우리가 조물주 하나님께 무엇을 하겠는가. 즉 행위구원이 아니라 은혜구원임을 강조하고 있다.

좁은 문으로 가는 자, 좁은 문으로 들어가는 예정구원 된 자들은 견딜 수 없는 감사가 있다. 성경의 창세기를 통해 인간이 무엇이고 지구가 무엇이며 하나님의 심판이 어떤 것인지 알 수 있다. 이것들은 예정으로만 이해되는 부분들이다. 예로 사도 바울의 삶이 예수 외에 모든 것을 다 배설물로 여긴다 함은 오로지 예정된 자의 구원된 감사로 불가항력적인 은혜,[37] 즉 저항할 수 없는 은혜로 말미암아 빛과 소금으로 살아간다.

---

37) 칼빈의 5대 강령 중 하나인 불가항력적 은혜(Irresistable Grace)는, 예정과 선택을 해 주신 은혜가 감사하여 저항할 수 없는 은혜로 제자가 되고, 증인이 되고, 순교를 하게 된다(요 6:37-40; 롬 8:18, 34)는 것이다. 은혜구원 받은 자가 전도하는 것도 불가항력적인 은혜 때문이다. 구원은 하나님이 주시는 것이지 우리가 쟁취할 수 있는 것이 아니다. 침노는 잘못이다. 타 종교들은 쟁취를 말한다.

혹자는 구원받은 날이 언제냐고 묻는단다.(즉 구원된 날이 언제냐, 구원 생일이 언제냐?) 잘못된 주장이며, 죽었던 우리가 중생되는 때 곧 예정된 자들의 생일에 대한 정답은 창세전이다. 리브가 태 속의 야곱과 바울 사도와, 십자가 상에서 구원받은 한쪽 강도는 창세전에 카이로스에서부터 작정된 자들이므로 크로노스의 생일에 대한 계산은 카이로스인 창세전이다.

성도들이 예수님과 인격적으로 만났다는 간증이나 설교들을 많이 듣는다. 무엇이 인격적인가. 이미 전적 타락된 인간이 삼위의 하나님께서 예정해 주시고 구원해 주시지 않으면 어찌 인격적이 될 수 있는가. 하나님께서 아담과 이브가 죄지은 후, 무화과 나뭇잎으로 입고 만나는데 이것이 무슨 인격인가. 마귀에게 문을 열어 주어 속지 말고, 임마누엘의 하나님과 항상 같이 기도하라. 교제하라. 즉 창세전에 목 베인 예수님의 생명책에 기록된 자가 됨에 감사와 영광을 돌리라. 기독교의 구원은 피동적이다. 타 종교의 구원은 능동적인 쟁취이다. 능동적인 자유의지로는 절대 구원되지 않는다. 개체 유지와 종족 유지에는 자유의지가 다소 사용되나, 구원은 해결할 수 없다.

은혜로 구원된 자에게서 나오는 행위로 성령님의 열매가 나타나는데, 열매는 성령님이 맺게 해주시는 것이고 자의적인 것이 아니다. 불신자들의 눈에는 그렇게 해야 구원되는 것같이 보이므로 자유의지에 따라 예정에 없는 자들도 열심으로 행동하면 구원될 것이라 느끼고 열심히 노력하여 구원을 쟁취할 수 있다고 생각한다. 그러나 바울 사도의 구원은 전적으로 타의적이었고, 그는 창세전에 예정되어 하나님의 구원 시기에 구원되었다고 고백하며 간증했다.

사탄 마귀는 성부 하나님, 성자 하나님의 흉내는 잘 낼 수 없으나, 비슷한 영적인 존재이므로 성령님의 흉내는 잘 내어 우리를 잘 유혹한다. 사탄 마귀의 유혹에 빠진 자는 자신의 타락을 느끼지 못하며, 성령님의 역사가 없이는 막달라 마리아와 같이 일곱 많은 귀신이 제거될 수 없다. 성령님은 죄와 의와 심판에 대하여 악령을 꾸짖으신다. 이것이 은혜로 구원되는 것이다. 창세전 예정된 자들은 성경이 하나님의 말씀인 것을 믿는 것을 본다.

## 제4장

# 에덴동산에서의 추방

인간의 혼 속에 악령의 주파수가 들어가면 하나님의 명령에 불복종하게 된다(창 3:7-8). 악이 들어오면 숨게 되고 자신이 벌거벗은 것을 안다. 하나님께서 아담에게 "네가 어디 있느냐"(창 3:9) 하신 질문은 장소를 묻는 것이 아니라 왜 이렇게 되었느냐는 말씀으로 아담이 하나님과의 관계에서 떨어졌음을 의미한다. 이미 하나님께서는 선악과를 따 먹은 것을 알고 계셨다.

불순종으로 죄가 들어오면 자신을 합리화(rationalization)하게 된다(창 3:12-13). 우리 인간의 뇌에는 소위 멘탈 메커니즘(Mental Mechanism)이라는 본능적인 자기방어 수단이 있다. 그중 하나가 합리화라는 기전이다. 아담도 "당신의 만들어 준 이브가 따 먹으라고 해서 먹었습니다"라고 합리화했다. 악한 영은 언제나 핑계를 대고 다른 사람을 끌고 들어가듯이 분명히 루시퍼도 최후 심판 때 '왜 나를 좋은 천사로 만들지 않으셨습니까' 하고 항의할 것을 알고 계셨다. 조물주 되신 하나님께서 이 또한 책임지시기 위해 하나님의 공의를 드러내기 위해 십자가에서 죽으시고 사후 둘째 날에 음부로 내려가셔서 예정되지 않은 자들과 루시퍼에게 자신의 못 박히신 손을 보여 주신다(벧전 3:6). 이것은 조물주가 공의롭지 못하다는 변론에 답하심이다.

결국 아담과 이브는 에덴동산에서 쫓겨난다. 죄의 결과로 땅은 저주를 받고, 남자는 종신토록 수고해야 하며, 여자는 해산의 고통을 겪고 남편에게 다스림을 받게 된다. 분만의 고통은 사람만 느낀다. 만약 동물들이 분만할 때 소리를 지른다면 시끄러워서 난리가 날 것이다. 저자는 동물이 분만할 때의 고통의 소리를 들어본 적이 없다.

하나님은 우리를 "선악과 양심"으로 봐주지 않으시고, 다만 악과 분리시키실 뿐(set apart)이다. 아담과 이브가 불복종으로 쫓겨날 때, 무화과 잎의 옷으로는 안 됨을 아셨다. 선악과 양심으로 만들어진 옷(무화과 잎)으로는 세상으로 나갈 수 없기에, 루시퍼가 다스리는 세상에서 견뎌 낼 수 있는 옷으로 바꿔 주신다. 이 옷이 가죽옷이다(창 3:21). 죄짓기 전 아담이 친하게 지내던 짐승, 아마도 양을 잡아 배를 가르고 창자 등을 다 버리고 얻은 가죽으로 입혀 주시고, 아담과 이브를 에덴동산 밖으로 쫓아내신다. 이는 예수 그리스도의 대속(피 흘리심)을 예표한다.

하나님의 선은 우리의 선과 다르다. 노아 방주 안의 여덟 사람과 동물을 제외한 인간을 모두 죽이시는 하나님의 선은 우리가 가지고 있는 선악과 양심과는 다르다. 우리 속에 들어 있는 양심은 선악과를 따 먹은 결과에서 나오는 죽을 수밖에 없는 양심이며, 이 양심에서 나오는 선은 하나님의 선과 다르다. 죄를 증오하고 루시퍼 일당을 최후 심판 날까지 우주 감옥소에 가두어 유기하신다. 그 속으로 인간(아담)을 추방하시고 하나님의 은혜구원 사역을 시작하셨다.

### 1) 가인과 아벨의 제사

전적 타락의 인간은 하나님의 은혜로 창세전에 목 베임을 당한 어린양의 생명책에 기록된 감사로 하나님만을 존경하고 인정하는 찬양자로 살아가며 바른 예배를 드려야 한다. 하나님이 어쩌다가 나를 예지예정[38]이 아닌 예정으로 선택해 주셔서, 무화과 잎이 아닌 가죽옷을 입히시고 구원해 주심에 감사해야 한다. 무화과 잎처럼 내가 생각하는 옷, 내 힘으로 입을 수 있는 옷, 즉 내 자유의지에 따라 만들어진 옷이 아닌, 하나님께서 피를 흘리시고 그 피로 대속함을 입은 자들이 입을 수 있는 가죽옷을 입혀 주심에 감사해야 한다.

내 힘으로는 구원을 얻을 수 없음을 절감하면서 나 같은 죄인을 예정하셔서 선택해 주심에[39] 감동하는 예배가 참 예배이다. 하나님은 영이시니 예배하는 자가 신령과 진리로 예배하여야 함은 길이요 진리이신 예수님으로 진리인 성경 말씀에 의해 예배 드려

---

[38] 예지예정은 예정과 같이 무조건적 선택이 아니라 이미 하나님께서 조건적 선택으로(election이 아닌 selection) 구원받을 만한 선한 자들을 미리 아시고 선택했다는 학설이다. 이는 창세전 예정인 성서적인 사실을 인간 창조 후의 사건으로 잘못 보고 하나님의 공의를 거스르는 잘못된 학설이다. 예정은 삼위의 하나님이 무조건적 선택으로 그들을 위해 예정하기로 창세전에 작정하셔서 피 흘리시고 분리시키시고 그들을 끝까지 견인하시는 은혜구원으로 잘 설명된다.

[39] 칼빈의 5대 강령 중 하나로 '무조건적 선택'(Unconditional Election)은 selection이 아니고 election이다. 많은 것들 중에서 좋고 원하는 것만 골라내는 것은 selcetion이다. 이것은 예지예정이다. 하나님이 다 아시기에 천당 갈 사람만 selection하셨다고 하는 것은 예지예정이다. 이것은 하나님의 공의를 부정하는 것이므로 매우 잘못된 해석이다. 조건 없이 무작위로 election하셨다. 창세전에 무조건적 선택으로 계획하고 예정하셨다는 것이다. election은(성서적 선택에는 하나님의 간섭하에 있는 자들로, 보혈로 산 사람들) 예정하시고 작정된 자들이다. 이것은 하나님의 계획이며 주관적인 것이다. 예정은 우리 의지와 관계없이 전적 타락으로 선택할 능력도 없는 자들을 선택해 주셨다는 것이다. 하나님께서 구원하셨다는 것에 감사할 뿐이다. Election은 성부 성자 성령 하나님이 동의하셔서 투표로 결정하셨다는 의미로 해석해야 한다.

야 한다는 것이다.

창세기는 구원에 관한 얘기이다. 왜 가인과 아벨의 제사에 차이가 있었는가. 가인과 아벨은 아담과 이브가 살면서 하나님께 제사 지내는 것을 보고 자라면서 그 제사가 감사제가 아니라 죄를 지우는 속죄제(sin offering)라는 것을 알았을 것이다. 죄를 지우는 대가로 제사를 지낸다. 아벨의 제사를 하나님께서 받으셨다는 것은, 그 제사가 하나님이 조물주로서 무화과나무 잎 대신 동물이 피를 흘리게 하고 그 동물의 가죽옷을 아담과 이브에게 입혀 에덴동산에서 구속했던 예수 그리스도의 십자가 대속을 예표하는 제사였으며, 아벨이 하나님의 뜻을 알았다는 것이다.

속죄제(sin offering)는 꼭 피로 해야 하므로, 죄를 지을 때마다 짐승을 끌고 가서 죽이고 피를 흘려서 제사를 지내는 의식이다. 이와 같이 예수님이 우리 대신 죽으셨다. 가죽옷은 속죄제(sin offering)인 아벨의 제사, 예수 그리스도의 십자가 대속이다.

구원은 "선악과 양심"으로는 되지 않는다. 그러나 우리에게는 여전히 그 선악과 양심이 살아 있다. 죄 값을 치르고 죽음에서 살아나야 하므로 예수 그리스도의 대속죄를 하나님께서 예시하신 것이 속죄제(sin offering)이다. 즉 가인과 아벨의 제사는 구원론적으로 보아 속죄제(sin offering)이지 감사제가 아니다. 창세전에 목베임을 당하신 예수님의 재연을 여기서 드러내는 것이다.

인간은 개체 유지와 종족 유지를 위해 남을 죽일 정도로 악하다. 이런 세상으로 떨어져 나온 것이다. 아벨이 없으면 하나님께서 자신의 제사를 받을 것이라는 가인의 생각은 인본주의 사상에서 나온다. 아벨의 제사만 받고 자기 제사를 받지 않으셨다는 것을 알았다면, 자기 제사를 고쳐 아벨 같은 제사를 드렸어야 했다. 그랬다면 자기 아우를 죽일 필요가 있겠는가. 인간 자존심이 자기 아우보다 더 중요했다는 말이다.

필자의 소견으로는 가인이 아벨을 죽인 때는 약 50~60세 정도의 성인으로 추정된다. 다른 아담의 후손과 아벨의 식구들이 원수 갚을 것을 두려워하던 가인에게 여호와는 표를 주고 여호와 앞을 떠나 에덴 동편 놋 땅에 거하게 하신다.[40]

하나님은 제사를 통해 물건을 받으시는 것이 아니라 드리는 사

---

[40] 인류 최초의 인간이 가인이라 성경은 말한다면 가인이 놋 땅으로 떠난 그곳에 다른 인간들이 있었을까 하는 추론이 있다. 가인의 나이를 생각해 보면 이미 성인이기에 다른 형제 친척들도 있었을 것이다.

람의 뜻을 받으신다. 이것을 아담도 이브도 계속 기억한다. 입혀 준 가죽옷을 입고 엉겅퀴를 지나며 수고를 할 때마다 아담은 에덴동산으로 돌아가고 싶었을 것이고, 동산에 들어가려고 수많은 노력을 했을 것이다. 그러나 화염검 때문에 못 들어가고(창 3:24), 가인, 아벨 등 여러 후손을 낳은 후 그들에게 자신들의 얘기를 들려주었을 것이다. 가죽옷을 입혀 주신 것에 대한 감사를, 예수 그리스도의 대속에 대한 감사를 말이다. 이 말을 가슴에 둔 아벨의 제사는 하나님께서 받으시고 가슴에 두지 않은 가인의 것은 받지 않으셨다. 결국 가인의 속에 있는 선악과적인 악령으로 아벨을 죽인다(창 4:8). 하나님이 견책하셨을 때 회개하고 교정하였으면 될 터인데 약한 자존심 때문에 친동생을 피 흘리게 하여 죽였다. 이것이 현재 우리의 모양이다.

우리는 창조주와 피조물의 차이를 잊지 말고, 인간을 사랑하시나 우주와 지구를 다스리시는 창조자의 시스템의 한계를 기억하는 바른 예배를 드려야 한다.[41] 조물주 하나님, 성령님이 우리에게

---

41) 시스템이란 하나님은 조물주시고 인간은 피조물임을 말하며, 피조물에게 자유의지를 주어 다스리고 지배하며 살아갈 수 있도록(가죽옷을 주어) 하였으나 조물주가 될 수는 없음을 분명히 하고 계시다. 선악을 알게 하는 나무를 먹지 말라 함은, 피조물은 조물주의 명령에 복종해야 한다는 원리원칙을 말씀하신 것이다. 그러나 루시퍼는 이 경계를 넘어 하나님과 같이 되려는 피조물의 한계를 넘었으므로 쫓겨났고, 우리에게도 그 한계를 분명히 하고 계신다. 우리 인간은

오셔서 선악과 양심의 자유의지를 꺾고 순복하게 하셔서 중생시키시고 하나님의 자녀로 삼으신다. 이것이 중생이며 성화하게 하셔서 영생에 이르도록 견인하시는 은혜구원의 원리이다. 하나님은 영이시니 예배하는 자가 신령과 진리로 예배해야 할 것이다.

---

은혜의 구원(창세전에 목 베임을 당한 어린양의 생명책에 기록된 자로 감사하는 은혜)에 순종이라는 통로를 통해 조물주에게 복종할(SURRENDER) 뿐이다.

## 제5장

# 종족 유지와 개체 유지

아담과 이브는 죄의 대가로 양이 대신해서 죽는 것을 본다. 살을 빼낸 양의 스킨(가죽옷)을 입고 있을 때 아담 이브의 생각은 어떠했을까. 그들이 쫓겨 나왔으니 동물들도 같이 쫓겨난다. 에덴동산에서는 개체 유지와 종족 유지가 필요 없겠으나 이 세상으로 나온 후, 아담 이브는 생육하고 번성하라는 하나님의 명령으로 개체 유지와 종족 유지의 본능을 발휘하였다. 그리하여 가인과 아벨 그리고 셋(내가 여호와로 말미암아 득남하였다, 창 4:1) 등을 낳는다.

종족 유지는 살아남기 위해서 필요한 일이다. 씨족이나 부족은 종족 유지를 위해 개체 유지가 필요하다. 아담은 자기를 만든 흙, 또 죽어 다시 돌아갈 흙, 근본된 토지에서 생산되는 식물을 먹고 살기 위하여 토지를 경작했다. 죽어 근본이 될 흙을 경작하여 생존 유지를 해야 하고, 이브도 해산하는 고통을 겪으며 종족 유지를 해야 했다. 아담과 이브 두 명이 살기에는 너무 외롭고 무섭고 불안했다. 동물들도 마찬가지였겠다. 이것이 생물의 두 본능이 실천되는 동기였다.

성인으로 에덴동산에서 쫓겨난 아담과 이브는 다산하고 번식하여 많은 애들을 낳았다. 셋을 130세에 낳았으니 에덴동산에서 나올 때를 한 살로 계산하여 130년 동안 가인과 아벨 등 성경에는 기록이 없지만 수많은 자녀를 낳았을 것이다. 저자의 양심으로나마 50명 이상의 아이들을 생산했을 것이고, 그 당시 근친결혼으로 인구는 수백 명 이상일 것이라고 계산한다.

아담과 이브가 약 2~3년 간격으로(창 5:3) 아이들을 낳았을 것이고, 130살에 셋을 낳고 그 후로도 800년을 더 살아 아담이 930까지 장수했다(창 5:4). 이브가 가인을 낳고서는 '남자를 주셨다'라고 하고 셋을 낳고는 '다른 씨를 주셨다'라고 함은, 하나님이 지정하신 계통이라는 것을 암시한다(창 4:25). 이때부터 셋이 에노스를 낳고, 여호와의 이름을 부르기 시작했다(창 4:26).

영적으로는 셋의 후손과 가인의 후손이 나뉘고, 아벨의 계열과 가인의 계열이 나뉜다. 그러나 육적으로는 셋의 후손과 가인의 후손의 근친결혼이 드러나며 여기서 돌연변이가 나오고 네피림도 나온다. 네피림은 천사와 사람 사이에서 나온 것이 아니다. 네피림의 기록은 타락한 천사 기록 전에 세상에 이미 존재했다고 되어 있다. 이들은 용사고 힘이 강하여 피라미드처럼 현대 문명에서 불가사의하게 여기는 건축물들을 세울 수 있었고, 기고만장하고 안하무인격이며 타락한 인간들일지도 모른다. 조물주를 무시하고 경외하지 않으며 자만하고 포악한 자들이었을 것이고, 그 후손들도 그러하였을 것이라고 성경은 말했다.

구원론적으로 보면 아벨의 후손, 가인의 후손이라 칭하지만 둘 다 모두 하나님의 피조물이며, 그중에서도 예정되지 않은 사람들은 아벨의 후손이라도 하나님을 경외하지 않고, 가인의 후손이라도 예정되었으면 하나님을 경외한다. 이들의 결합(결혼 결과) 속에서도 네피림뿐만 아니라 하나님을 경외하는 후손들이 증식했다.

타락한 천사가 네피림의 조상이라는 학설은 비과학적이다. 아브라함에게 나타난 천사나 수태고지를 알리는 천사는 인간의 탈을 쓴 페노타입(Phenotype) 인간으로 보였으나, 본질상 제노타입(Genotype)으로 영적인 존재이다. 즉 하나님께서 천사를 쓰셔서 사람으로 행동하게 하시나, 네피림은 천사가 아닌 인간이다. 인간과 천사는 과학적으로 의학적으로 교미가 불가능하다.

    이 당시 후손들은 성경에 기록되기를 평균 900세까지 장수했기에 우리보다 문명이 발전했을 것이다. 동시에 죄악상도 우리보다 10배나 더 악했을 것이다. 자기 자존심 때문에 친아우를 죽인 가인의 유전적 악행이 시간이 흐름에 따라 갈수록 더 악해지고 생명에 대한 경외와 조물주에 대한 경외, 존경심, 예배, 순종 등은 그만큼 사라졌을 것이다. 결국 현대인의 10배에 가까운 악은 하나님께서 인간을 창조하신 것을 후회하셨을 정도라고 본다. 이것이 하나님의 선(토브)이었다. 하나님 보시기에는 모두 다 심판하기에 충분했기에 노아의 식구 8명을 제외한 수백만 명의 피조물을 멸절하셔야 했다.

    인간들은 "그와 같이 무자비한 하나님을 공경하고 따라야 하는가?"라는 질문을 한다. 이는 피조물과 조물주 간의 시스템에 대한 루시퍼 같은 반항의식이다. 피조물은 어디까지나 피조물이고, 조물주의 보호 아래 지금까지 개체 유지, 종족 유지를 하고 있다는 것만으로도 감사해야 한다. 만일 오늘 태양이 꺼지고 지진이 일어나고 지구가 자전과 공전을 안 한다면 인간이 어떻게 할 방법이 있겠는가. 하나님을 경외하는 것이 지식의 근본이며, 솔로몬 왕도 그 계명을 지키라고 자식들에게 명령했다.

# 제6장

# 노아의 홍수 I
(창 6:1-5)

## 1) 노아 홍수 심판의 배경

본 장에서는 지상에 퍼진 인류의 악함을 보시고, 하나님께서 이 땅의 모든 동식물과 인간을 파멸하시기로 작정하신 노아의 홍수 심판(창세기 6:1-5)의 원인과 배경을 설명한다. 특히 네피림에 대한 성경적 해석을 동식물의 생식세포와 관련된 유전자를 과학적인 근거로 서술한다.

창세기 6장 1절의 "사람이 땅 위에 번성하기 시작할 때에 그들에게서 딸들이 나니"는, 그전에는 딸들이 태어나지 않았다는 뜻이 아니다. 아담과 이브가 딸도 많이 낳고 아들도 낳았을 것이다. 성경기록은 없으나 생산하지 않았던 것은 아니다.

2절에 하나님의 아들들이 사람들의 딸들을 아내로 삼았다고 한다. 하나님의 아들들이 누구인가. 하나님은 아들이 없다. 독생자 예수 그리스도는 하나님 본체이시다. '하나님의 아들들'이라고 기술된 아들들은 가인과 아벨 그리고 셋 등의 후손 중에서 하나님을 경외하는 자들이라고 보아야 한다. 이는 성경 기록상의 문제로 보인다. 이브가 에덴동산에서 쫓겨나 가인을 낳고 '우리에게 아들을 주셨다'고 말했으나, 아벨을 보고 '하나님의 아들'이라고 했다는 말은 없다.

3절 당시에는 근친상간으로 자손이 번성하였고, 아담과 이브 전에는 사람이 없었다. 가인이 아벨을 어떻게 죽였는지 잘 모른다. 아벨의 피 소리가 들렸다면 분명 땅에 피를 흘려서 죽인 것이다. 에덴동산에서는 개체 유지나 종족 유지가 필요 없었으나, 쫓겨나면서부터 생물에게는 다산하고 번식하라는 명령대로 개체 유지나 종족 유지(본능적인 두 기능)가 인간에게 부여되었다. 자유의지를 제한할 수 있는 기능도 허락하셨다. 자유의지에 의해 두 가지의 발동이 시작된다. 하나님의 통치가 있는 곳과 없는 곳의 유무를 의미한다.

에덴동산에서 쫓겨나면서 하나님의 임재를 떠난 후부터 동물들도 같이 쫓겨나고, 그들도 생물의 본능적 개체 유지와 종족 유지가 발동된다. 종족 유지를 위해 개체 유지가 필요하다. 생명나무를 따 먹었으면 영생했을 터이나 그렇지 못하므로 제한된 삶을 살게 되었다. 하나님의 아들들은 하나님을 경외하는 가인의 후손이나 셋 등의 후손이며, 사람의 딸들도 가인과 셋의 후손이다. 타락한 천사들이 하나님의 아들들이고, 세상의 딸들과 결혼하여 네피림을 낳았다는 해석은 잘못된 것이다. 타락한 천사와 사람의 육체를 가진 딸이 네피림을 낳을 수 있는지는 유전학적으로, 의학적으로 증명되지 않는다.

욥기에서 하나님의 아들들이 천사들이라 말하므로 타락한 천사를 제외하고 타락하지 않은 천사들을 아들들이라 칭해야 하는데, 아브라함에게 나타난 천사장 미가엘은 그렇게 부르지 않았다. 천사를 아들들이라 말한 것은 영적인 셋의 후손들을 말한 것이지 천사와는 관계가 없다. 즉 네피림을 말할 때 타락한 천사와 인간이 결합하여 후손을 낳는다는 것은 틀린 것이다. 천사는 육체가 아니니 유전자를 가지지 않음은 물론이고, 있더라도 인간의 유전자와 다를 것이므로 다른 종들 사이에서는 자녀를 생산하지 못한다. 성경 기록은 네피림의 존재가 하나님의 아들들과 사람의 딸들의 혼인 사건 전에 존재했다고 명시하고 있다.

가인의 후예라 해서 저주받아 죽고, 셋의 후손이라 해서 모두 천국 가는 것은 아니다. 구원은 개인 구원이다. 단체의 구원이 아니다. '이스라엘아 너희들은 나의 다리이다. 내가 전하는 것을 너희가 전해 주어라'라는 뜻의 매개체로 쓰신 것이지, 단체로 구원을 받는 것이 아님을 의미한다. 제사장도 목사도 하나의 연결하는 도구, 다리 역할을 할 뿐 그들이 구원하는 것이 아니다.

그러므로 가인의 후예든 셋의 후예든 그 속에는 구원된 자도 있고 타락한 자도 있다. 노아 홍수 심판 때의 인생은 근친결혼, 인간 돌연변이, 잡종 강세 등으로 별난 인간들이 많이 출산되었을 것이다. 잡종 강세라는 유전법칙이다(순수 혈통끼리 결혼보다 합세된 결혼).[42]

아담에서 노아의 홍수까지는 오랜 세월이 걸리므로 그 오랜 세월 동안 셀 수 없는 엄청난 사람들이 있었을 것이다. 아마도 수억만이나 있었을 것이다.

---

42) 영국 왕가의 근친결혼은 문제가 많다. 그 왕가의 혈통을 유지하기 위해 근친결혼을 하는데, 여기서 나온 유전병(불치병)들이 많다. 기능장애, 자폐, 정신분열증, 그 외도 불치병을 가진 자들이 많으므로 심각한 장애자들은 격리 수용을 한다. 이런 이들의 부모는 더 이상 생산하지 못하도록 정관수술도 행한다. 이런 유전병자들은 미국에서는 돈을 주고 걷어가고 가둔다. 격리해 버린다.

좋은 환경과 축복받은 세대에도 근친결혼으로 인해 돌연변이나 질병에 의한 기형 거인들이 생길 수밖에 없다. 거인의 예도 마찬가지이다. 돌연변이로 기형아가 나올 수 있다. 돌연변

기형아들

이는 같은 종 내에서 발생하는 것이지, 다른 종으로는 절대 돌연변이가 일어나지 않는다(호랑이가 개가 되지 않는다). 혹시 생긴다 할지라도 당대에 죽거나 생식능력이 없어 후손을 못 만든다. 인간뿐만 아니라 그 당시 모든 동식물도 비슷한 돌연변이, 잡종 강세, 기형종, 변이종들이 존재했을 것이며 크고 힘도 세고 강했을 것이다.

셋의 아들들과 가인의 후손들의 차이가 무엇일까. 셋의 후손들은 하나님의 이름을 부르고 살았으나, 가인의 후손들은 달랐다. '라멕이 두 아내(아다, 씰라)를 두었는데, 아다는 야발(가축을 기르는 자의 조상)과 유발(하프와 오르간을 다루는 자의 조상)을 낳았고, 씰라는 두발가인을 낳았는데 그는 놋철을 만드는 조상이 되었다'(창 4:19-22). 이를 통해 가인의 후손들은 세상적임을 본다.

이때는 특별히 구별할 방법도 없었다. 그저 드러나는 현상만 보았을 뿐이다. 그 당시의 사람들은 900년씩 살았으니, 우리보다 10배는 더 사는 동안 별의별 일이 다 있었을 것이다. 큰 페노타입(Phenotype)이 나타나면 크게 나오므로 화석이나 거인도 나온다. 힘세고 강하고 큰 거인의 화석이 종종 발견되는데, 노아 홍수 이전이나 노아 홍수 때 묻힌 화석일 수도 있다.

거인의 뼈 거대한 잠자리 화석

창세기 6장 1-2절의 "사람이 땅 위에 번성하기 시작할 때에 그들에게서 딸들이 나니 하나님의 아들들이 사람의 딸들의 아름다움을 보고 자기들이 좋아하는 모든 여자를 아내로 삼는지라"에서 하나님의 아들들을 천사로 해석하는 오류에 대한 과학적 설명은 다음과 같다. 천사는 세포나 유전자가 없는 영적 존재이다. 우리 인간은 세포로 구성되어 있고, 세포 속 유전자는 흙에서 취한 모든 물질 즉 유기물질과 무기물질이 합하여 몸을 구성한다. 흙먼지가 굳어지면 흙이 되고, 흙으로 만들어진 인간, 동식물은 유전법칙에 의해 분열증식한다. 아담은 붉은 흙먼지이다.

영적 존재인 천사는 부리는 영으로 하나님의 명령에 따라서 일한다. "네가 대신 내 말을 세상에 전하라." 이를 위해 천사에게 사람의 몸을 일시적으로 입혀 주시고, 일이 끝나 "올라와라" 하시면 다시 복귀하게 되어 있다(욥기의 사탄도 같다). 천사는 하나님 조물주의 명령이 없으면 육신을 입을 수도 없고 사용될 수도 없다. 즉 타락 여부와 관계없이 육신과 합할 수가 없다. 유전자가 없기 때문이다. 지구상 모든 생물은 같은 종의 두 염색체가 합해져야 후손이 생긴다. 천사는 영적 존재이므로 육신이 없고, 따라서 당연히 세포도 없고 염색체도 없기에 인간과 같은 성적 결합으로 증식되지 않는다. 오직 하나님이 창조하신 부리는 영들일 뿐이다.

## 2) 체세포와 생식세포의 염색체 수

하나님께서는 인간을 흙으로 만드셨다. 세포가 증식하여 육신을 이루고 몸체의 체세포는 분열한다. 한 세포가 양분되어 2개가 되며, 체세포는 똑같은 수의 염색체를 가진 2개의 세포로 쪼개지며 분열, 증식하여 큰 몸뚱이를 이룬다. 그러나 생식을 위하여 만들어진 생식세포는 체세포와 달리 암수가 교접되어야 하기에 암수의 생식세포의 염색체 수가 각각 1/2로 감수되도록 감수분열을 한다. 그 이유는 아직 모른다. 염색체가 감수분열 된 같은 종의 생식세포가 결합(교미)하여 하나의 체세포를 이루고, 성장을 위해 분열하여 성체가 된다. 이것이 조물주가 피조물에게 선물하신 신비한 생식 방법이다.

즉 각 종류마다 세포핵 속의 염색체 수를 모두 다르게 하여 다른 종으로 분리되게 창조하셨다. 사람, 소, 말, 돼지, 콩, 팥, 감자, 물고기, 식물 등 모두 염색체 수가 다르기 때문에 서로 결합이 안 된다. 염색체 수가 같은 똑같은 생식세포들의 완전무결한 결합만이 후손을 생산할 수 있으며, 백만분의 1이라도 결합이 잘못되면 기형이나 돌연변이를 일으켜 불구자나 기형아가 나온다. 이들이 생존은 할 수 있으나 생식능력 작용이 결핍되어 후손을 남길 수 없다. 이 유전법칙이 진화론의 오류를 증명해 준다. 그럼에도 찰스 다윈 시절, 곧 유전학이라는 언어도 없었을 때 기술한 진화론이 현재에도 낙서같이 지워지지 않은 채 인간들의 생각에 남아 있다.

인간은 어머니에게 받은 체세포로 구성되어 있고, 체세포는 핵 속의 염색체 수는 사람이 46개, 소가 60개 등으로 각각 다르다. 체세포는 세포 하나가 분열될 똑같은 염색체 수를 가지는 체세포 분열로 증식한다. 그러나 생식과 종족 유지를 위한 세포는 생식세포 염색체의 수가 반으로 나누어진다. 인간 체세포는 46XY, 46XX 이지만 생식세포는 23XY, 23XX로 염색체 수가 반감한다. 그러나 그 이유는 아무도 모른다. 이는 조물주의 창조원리에 의함이다.

우리 인간은 일생 동안 세포 하나가 약 80번 정도 분열한다. 더 이상은 안 된다. 세포 속의 두 염색체가 풀어지지 않도록 텔로미어[43]가 붙어 있어서 한 번 분열할 때마다 점점 짧아진다. 이것이 짧아지지 않으면 80번 이상 분열할 수 있을 터이나 길이에 따른 제한이 있다. 이는 하나님이 노아 홍수 심판 때 인간의 수명을 900세에서 120세로 감하셨기 때문이라고 해석한다.

사람과 동식물의 염색체 수를 좀 더 알아보자. 생식세포는 남성의 정자, 여성의 난자를 생산하여 종족을 유지하게 한다. 물고기나 정자나 알은 형태학적으로 모양이 거의 비슷하다. 이들 생식세포는 체세포에서 두 번 분열하여 나뉘면서 염색체 수가 반감한다

---

[43] 텔로미어(Telomere)란 아버지와 어머니 쪽에서 받아 수정된, 꼬여 있는 2개의 염색체를 붙들어 매듭짓는 RNA의 끈이다. 이 끈은 분열할 때마다 짧아진다.

(46에서 23으로). 과학적으로 반감하는 원인은 모르나 남자(수컷)와 여자(암컷)의 반감된 염색체가 만나 결합하여 체세포와 같은 염색체 수를 갖게 하기 위함이다. 이것을 '하플로이드'(Haploid, 반수체)라 한다. 인간의 경우 암수 2개의 하플로이드(Haploid)가 합해져서 46XX(여자)나 46XY(남자)가 되는 것을 디플로이드(Diploid, 이배체 복상체)라고 한다. 이것이 태아이다.

여기에 돌연변이도 많다. 백만분의 일이나 천만분의 일이 잘못되어 46XXY나 46XXX 등으로 이상하게 결합되면 기형아들이 생기기도 하고, 이런 자들은 국가에서 격리 수용하게 된다. 즉 네피림은 타락한 천사와 인간의 잡종이 아니라 셋의 후손이나 가인의 후손들이 결합하면서 나온 돌연변이로 볼 수 있다.

결론은 하나님의 아들들은 주로 셋의 후손이며 가인의 후예들 중에도 예정된 자들이 있을 것이다. 하나님께서께서 무조건적으로 선택하심이니 가인의 후예들 중에도 하나님의 아들이라고 불리는 자들이 있었을 것이다.

성도는 부활체가 되면 천사들을 심판한다고 성경은 말한다. 타락한 천사가 어떻게 아들들이 되겠는가. 구원된 우리는 칭의받고 양자가 되어 하나님의 아들들이 된다. 네피림은 거인인데 태어날 때는 똑같으나 병적으로 뇌하수체의 발달(항진증) 등으로 자라면서 커진 것이라고 생각한다.[44]

인간의 수명은, 노아 홍수 심판 전의 900년이 감하여 현재는 겨우 120년 정도다. 노아의 홍수 때 하나님께서 코로 숨 쉬는 것은 다 쓸어 버리셨다. 노아의 가족 8명과 방주 속의 동물들만 살아남는다. 하나님은 이 많은 사람들(노아 홍수 심판 때 죽은 인간)과 동식물들의 사체들을 어디에 어떻게 처리하셨는지에 대해 추측이 가능하다. 아직까지 화석 하나도 발견하지 못한 것을 보면, 강한 압류나 급한 압력이 가해짐으로 인해 사체들은 완전히 녹고 가루나 흙이 되어 없어진 게 아닌가 한다.

예를 들어, 미국 뉴욕에서 일어난 9·11 사건 시 높은 쌍둥이 건물이 무너지면서 그 속에 있던 모든 물건은 거의 무형태로 가라

---

44) 네피림이 아니고도 머리가 크고 이상한 형태로도 나왔을 것이다. 먹을 것 걱정 없고, 연구도 많이 하고, 그 당시 성형도 있었을 것이고, 천년 정도 살았으니, 그 후예(선조)들이 호화스럽게 살았을지도 모른다. UFO를 인정하는가? 뭐라고 생각되는가? 사진을 찍어 보니 달에 뭐가 있다고 하던데 어떻게 생각하느냐고 나에게 의견을 묻는다면 "하나님이 세상을 이처럼 사랑하사 지구에 독생자까지 주셨다"면, 다른 곳(달, 화성)에는 이런 지구에서와 같은 인간은 없을 것이라고 대답하겠다. 설령 있다고 해도 노아 이전 사람들이 방문했거나, 그들이 건전지, 핸드폰, 이온엔진, 항중력 기계들도 만들었을 것이니 아마도 그들의 산물이 있을 수도 있지 않을까 추정해 본다.

앉았다. 인간과 동물들은 75%가 물이므로 급류로 녹거나 없어져 버린다. 노아의 홍수에 대해 증명하는 것은 어려워도 이것은 사실이다.

40일간의 홍수와 파도의 흔들림, 지각 변동으로 한 덩어리인 육지가 갈라지고 지구 온도가 하감하여 빙하기가 와서 남북극에 빙하가 조성되면서 모든 건물과 문명이 물속에 가라앉았다. 지금도 지각 변동의 흔적이 남아 있고, 극지방 바닷속에 있던 잔재물들이 하나씩 발견된다. 지구 극지방의 만년설이 녹고 바닷속의 탐사가 더 진행되면 노아 홍수 전의 유물들이 더 많이 나타날 것이 확실하다. 수명이 120세인 현재의 인간은 노아 홍수 전 사람이 했던 것을 1/10밖에 못 한다고 본다.

필자의 개인적 바람은 아라랏산에 가서 노아의 방주 속에 무엇이라도 있으면 찾을 수 있을까 하는 것이다. 간절한 소망이다. 그때 나무는 어떻게 된 것인가, 역청은 어찌 된 것인가, 노아가 남겨둔 쓰레기는 무엇인가 등이다. 당시 사람들의 사악함이 세상에 창대해지고 그들에게 부족함이 없었기 때문에 하나님을 배신하게 된다. 그러나 노아는 은혜를 받았다. 은혜는 평행적이라기보다 수직인 은혜로 정의한다.

결론적으로 노아 홍수 심판 이전의 인간, 인류는, 새로 생성된 지구로 인간과 생물이 살기에 아주 좋은 상태였을 것이며, 특히 조물주가 피조물에게 생육하고 번식하라 명하셨으니 생물의 수명도 지금보다 길고 육체도 건강했을 것 같다. 인간의 경우 수명이 현 인간보다 10배가 길었고(약 900년) 당시 지구는 공해도 없는 낙원이었으며, 인간의 지능도 약 10배 명철하고 지혜로웠을 것이며, 문명도 현대 문명의 10배 정도였을 것이다. 휴대폰, 인공위성, 생체이식술, 진보된 과학, 천문학 등 약 1,600년 동안 발전한 물질문명 등으로 우주 여행까지도 했을 것이고(NASA 발표에 의하면 금성, 화성, 달에도 인간의 흔적이 남아 있다고 한다), 염색체 조작, 생체 배양 등이 현대 문명보다 더 발달, 발전하여 네피림같이 힘세고 거대한 만능 인간들도 나타났을 것이다.

그러므로 조물주 하나님에 대한 경외심, 존경심, 예배, 제사 등은 잊어버렸을 것이다. 좋은 문명의 발달과 반대로 악한 인간상은 상상하기 어려울 만큼 극도로 지악해졌을 것이며, 노아의 여덟 식구를 제외하고는 모든 인간이 마귀의 유혹에 빠져 무신론적, 마귀적인 행실이 극악에 도달했다고 본다. 내일을 모르는 삶, 최후의 심판 등은 개의할 필요가 없을 정도로 극악무도해지므로 하나님께서 후회하실 정도로 부패하고 타락하여 하나님의 섭리, 간접

지배가 없는 유기된 인생이 되었을 것이고 조물주 하나님의 공의롭고도 당연한 심판으로 전멸되어야 할 상태였을 것이다. 재발견된 심해나 빙하 밑에서 발견되는 피라미드, 건축물 등 불가사의한 것들은 홍수 전 문명이 물에 가라앉았다는 증명일 수도 있다.

### 3) UFO, 우주인, 화석

오래전부터 UFO(Unidentified Flying Object)의 출몰이 있어서 당시 화제가 되었고, 최근에도 여전히 관심을 받고 있다. 사진 영상이나 실제로 보았다는 증인들의 서술에 근거하지만, 필자도 비행사로서 아직까지 UFO를 본 적이 없다. 자연 현상이거나 우주를 떠돌아다니는 운석, 비밀 군사 병기 실험, 신기루 현상 등이라고 생각할 수 있다. 하지만 초자연적인 현상이라는 점에서 앞으로 더 연구해 볼 과제이다.

우주인의 존재에 대해서는, 외계에서 UFO를 타고 온 우주인이 발견되고, 그들의 사체도 발견되며, 그들과 지적인 교류를 했다고 한다. 성경에 의하면 "하나님이 세상을 이처럼 사랑하사 독생자를 주셨으니 이는 그를 믿는 자마다 멸망하지 않고 영생을 얻게 하려 하심이라"(요 3:16)라고 할 정도로 하나님께서 이 지구를 사랑하셨으며, 지구 외에 다른 행성이나 어디에도 인간을 창조하셨다는 말씀은 없다(예수님이 유대 땅, 베들레헴에서 탄생하셨지 화성이나 달에서 탄생하셨다는 기록은 없다. 아마도 달이나 화성에 생명체가 있었다면 이들은 노아 홍수 이전 사람들의 흔적일 수도 있고, 그들이 시간 여행을 했다는 가능성을 추론할 수 있다).

우주인의 정체에 대해서는 성경적으로 부정할 수 있으나, 만약 우주인을 찾아낼 수 있다면, 그들의 침이나 땀, 사체의 조그마한 부분, 털 또는 소변 등을 조금 체취하여 법의학적 유전자 검사를 하고 그 결과로 인간인지 아닌지를 수 시간 내에 판결할 수 있을 것이다. 그럼에도 불구하고 과학적 의학적 검증이 없이 우주인에 대한 기사를 기재하는 것은 비과학적이다.

또 거인이나 소인 그리고 화석들이 발견되는데, 거인의 경우 키가 3~4m이며, 해골도 현대인의 것보다 5~6배 크다. 물론 노아 홍수 이전 네피림이나 거인일 수도 있다.

그러나 과학적으로 말한다면, 왜 아직까지 법의학적 유전자 검사를 통한 현대 인간과 같은 종(Species)인가를 발표하지 않는가. 법의학적 유전자 검사는 현대 과학으로는 아주 간단하고 수 시간 내에 결과를 알 수 있는데 말이다. 우리 기독교인들로서는 성경적인 근거와 과학적 의학적 근거를 기준으로 이러한 유혹들에 대처해야 한다고 생각된다. 진리는 사실과는 다르기 때문이다.

과학은 조물주 하나님을 증명하는 지름길이다. 그러므로 21세기 현대 과학을 고의적으로 이용하지 않고 진화론이나 외계인의 유무를 속단하고 판결하려는 유혹은, 어떤 면에서 공중권세 잡은 루시퍼의 속임수일 수도 있다고 생각한다.

# 노아의 방주 II
(의학적으로 본 창세기 홍수 사건, 창 6:1-7:24)

 제6장에서 강조하였으나 노아 홍수 이전의 상태를 다시 한번 본 장에서 강조하며, 조물주 하나님의 심판이 공의로우시며 그 공의로움을 방주를 통해 나타내심으로 그 방주가 어떻게 설계되

고 어떻게 노아의 여덟 식구와 동물들을 살리셨는지를 서술한다.

노아의 홍수 심판 중 인류의 상황을 의학자이자 신학자인 필자는 이렇게 생각해 본다. 새로 생성된 지구는 인간과 생물을 살리기에 아주 좋은 상태였을 것이다. 특히 조물주 하나님이 피조물에게 생육하고 번식하라고 명하셨기 때문에 낙원과 같은 좋은 상황이었을 것이다. 생물들의 수명은 지금보다 길었고, 육신 상태도 건강했을 것 같다. 인간의 평균 수명이 현 인간보다 약 10배는 길었고(약 900년) 공해도 없는 에덴동산과 같은 환경이었을 것이다. 인간의 지능도 현재 인간(120세)보다 10배 정도로 명철하고 지혜로웠을 것이다.

필자나 아인슈타인, 테슬러, 다윈 등의 수명이 900세라면 현재 문명이 얼마나 향상 발전되었을지를 짐작해 볼 수 있다. 좋은 면에서는 아주 좋았겠지만 다른 면으로 보면, 인간의 본능 즉 자기 자신이 살기 위해, 자기 자신의 자존심을 살리기 위해 친동생 아벨을 죽이기까지 하는 인간의 유전적 살인, 살생, 약탈, 모함이 극악에 달했을 것이며, 더욱이 조물주에 대한 경외, 인정, 감사 등은 찾아볼 수 없었을 것이고, 오히려 루시퍼와 같이 조물주를 대항, 불평, 무시했을 것이다.

그런 상황에서도 노아의 여덟 식구는 하나님께서 용납하실 수 있었다. 하나님의 말씀에 순종하는 여덟 식구만 구원하여 제2의 아담처럼 인간의 개체 유지와 종족 유지를 계속하게 하셨으며, 하나님은 뜻과 계획을 바꾸어 인간의 수명을 900세에서 120세로 감하셨다고 본다(창 6:3).

지면에서 코로 숨 쉬는 모든 피조물을 전멸하시고 방주에 넣으신 생물만 살게 하려고(구원하시려고) 유람선이 아닌 방주, 즉 생명 유지 기구를 하나님의 설계대로 만들게 하셨다. 생명 구조를 목적으로 산등성이에 짓게 하셔서 노아 여덟 식구와 동물들을 구원하셨다. 저주의 홍수 속에서 생존, 보존되게 설계하셨고 약 375일 동안 방주 속에서 살아남게 하셨다.

최근 전시되는 노아 방주의 모형은 비성서적인 가짜 모형이다. 성경에서 명시한 방주 제조 기간이나 설계도는 아주 간단하다. 방주는 나무로 제조하여 위에 1규빗 되는 하나의 창문과 노아 여덟 식구와 동물들이 들어가고 훗날 밀폐될 옆문과 많은 방을 가진 3층 구조로 만들고, 안팎을 역청으로 칠하여 공기나 물이 들어오거나 나갈 수 없게 하여 40일의 홍수와 추위에도 견딜 수 있게 설계되었다. 이는 생명 보존을 목적으로 하는 도구였다. 특히 하나님의 설계도에서 방주 위에 1규빗 되는 창문 하나만 내라 하신 것은, 생명을 구해 주신 노아와 하나님과의 수직적인 관계를 신학적으로 예표하는 동시에 밀폐된 공간을 위한 의학적인 설계였다.

노아 홍수 심판 사건을 부정하는 사람들에게 방주의 크기와 존재 여부를 증명하는 일은 쉽지 않다. 그러나 성경과 현재 인공위성이나 비행사들의 증언으로 어렴풋이나마 증명된다. 특히 노아 홍수 기간에 노아의 여덟 식구와 동물들이 생존했다는 사실을 과학적으로 증명하기는 매우 힘들다. 그 많은 동물들과 8명의 인간이 어떻게 375일 동안 방주 속에서 살았는가를 과학적, 의학적으로 증명하기 위해서 같은 환경에서 오랫동안 실험을 하는 것은 거의 불가능하기 때문이다.

필자는 의사로서 의학적인 방법으로 이를 규명, 설명하고자 한다. 폭우가 40일 동안 지속된 것은 지구 역사상 없었던 일이기에 지구상의 모든 공기가 증발하여 대기권으로 올라갔을 것이고, 먹구름으로 가려진 태양이 비치지 않아서 지구의 온도가 급감하여 빙하기가 되었을 것이다. 그리고 얼어붙어 물 덩어리가 된 진공 상태에서 코로 숨 쉬는 모든 생물들은 질식, 전멸할 수밖에 없었을 것이다. 오직 밀폐된 공간인 노아 방주 속에는 공기가 존재하여 코로 숨 쉴 수 있고 얼거나 질식하여 죽지 않고 동물들과 노아 여덟 식구가 생존할 수 있었다. 하나님이 주신 노아 방주 설계도는 극히 과학적이고 의학적이었다.

그다음, 노아의 여덟 식구는 어떻게 그 많은 동물들을 300일 이상 먹일 수가 있었을까. 먹이나 음식물이나 노폐물, 배설물의 처리 방법에 대해서는 성경상 기록이 없다. 하나님께서는 방주 속의 생물들을 권면하고 잘 보존하셨다고 했기에 현대 의학으로 이해할 수 없는 방법을 사용하셔서 방주의 생명들을 구하셨을 것이다. 그러나 성경이 함구하고 있기에 저자가 의학적인 방법으로 설명해 본다면, '아산화질소 저온 동면설'을 주장하고 싶다. 21세기 과학과 의학으로는 이렇게 설명할 수밖에 없기 때문이다.

'아산화질소'(Nitrous Oxide, 나이트로스 옥사이드)는 1779년 험프리 데이비에 의해 발명되어 1850년경에 의사들(웰스, 심프슨)에 의해 현재까지 수술 마취제로 사용되는 가스이다. 그 구성은 산소와 질소 약 80:20 비율로 이루어진다. 이 가스를 흡입하면 근육이 굳어서 웃는 표정을 유발하므로 '웃음 가스'(Laughing Gas)라고도 부른다. 장운동이 느려지고 마비되는 부작용이 있기 때문에 장운동 등 소화기능에 이상이 있는 환자에게는 사용하지 않는다. 현대까지 많은 마취사들이 이용하고 있고, 특히 향료를 첨가한 아산화질소(Nitrous Oxide)는 파티나 축하 행사 때 사용하여 웃는 분위기를 조성한다.

우리가 호흡하는 지구상의 공기는 질소가 78%, 산소가 20% 그 외에 탄산가스, 아르곤 등이 2%로 되어 있다. 만일 공기의 구성 요소가 변하면 큰 재앙이 일어난다. 가령 산소 농도가 증가하면 산불 같은 화재가 일어난다. 그런데 질소량을 80%로 증가시키면 동물이나 인간에게 마취 현상을 일으킨다. 밀폐된 노아의 방주 속에서 호흡하는 공기는 동물들이 품어 내는 탄산가스, 노폐물에서 나오는 질소 등으로 질소 농도가 높아져서 아산화질소(Nitrous Oxide) 같은 구성 비율이 되었고, 이로 인해 생물들이 마취 상태가 될 수 있었다고 생각한다.

더욱이 40일 홍수로 태양열이 차단된 지구는 온도가 내려가 빙하기가 되었을 것이다. 온 지구가 얼어붙어서 방주 내의 온도와 인간, 동물들의 체온이 정상 이하로 떨어져 저체온 상태가 되고 신진대사가 저하되는 상태가 되었다고 생각할 수도 있다. 그런 상황에 있는 생물들은 수면 마취 상태로 맥박이나 호흡, 식욕이나 활동, 신진대사 등이 극히 제한된다. 맥박도 1분에 1~2번만 뛰고, 장운동의 저하로 식욕이 없어지며 배설도 제한된다. 근육도 강직되어 모두들 행복한 웃는 표정을 지으므로 적대감도 없었을 것이다. 특히 동물들은 인간보다 자연재해에 대한 본능적이고 예민한 감수성을 지녔기 때문에 노아 홍수 사건 상황이 더 잘 적용되었을 것이라 본다. 이런 상황을 보면 어떻게 방주 속에서 375일 동안 생명 유지가 되었는지 설명될 수 있다. 이는 실제로 현재 과학과 의학으로 실험 증명될 수 없는 가설이나 의학적인 신빙성은 충분하다.

창세기를 계속 강의하는 이유는, 우리가 태어나기 전, 우리 역사가 있기 전 우주의 기원이나 인간의 창조나 이에 드러나는 하나님의 뜻을 전혀 알 수 없었으나 성경을 통해 어렴풋이나마 알 수 있게 되기 때문이다. 성경을 모르는 자들은 창세를 모르고, 노아의 홍수도 모르고, 노아 홍수 전은 더욱이나 모르고 이후만 알기 때문에, 최소한 노아 홍수까지만이라도 알면 맥을 잡고 오해가 풀려 하나님의 의도하신 뜻을 알 수 있다. 그래서 노아의 방주를 두 장(제 6, 7장)에 걸쳐 서술한다. 노아의 방주 후부터는 아라랏산에 방주가 머물렀고, 바벨론 문화가 내려오면서 현대 역사가 드러난다.

하나님은 에덴동산을 만드시고, 우리를 하나님의 계획 이미지대로 흙으로 만드셨으며, 우리는 죽으면 흙으로 돌아간다. 우리 몸이 C, H, K, N, O, P 등의 원소로 되어 있는데 흙도 마찬가지다. 지금의 흙덩어리들은 아담 이후로 죽었던 인간, 동식물의 사체와 부패한 생물세포 유전자 덩어리들이 섞여 구성 요소를 이루고 있다.

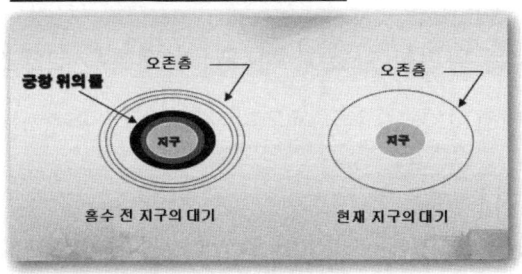

옛날의 에덴동산과 지상의 풍경에는 비가 없고 수면이 있고, 숲이 있었고, 나무도 있고, 땅과 태양, 별, 달, 바다도 있었다. 하늘 위의 물은 얼음과 비슷한 크리스털 같은 것이다. 요즘 우주를 여행하는 사람들은 다른 행성에도 얼음조각이 있었다 말한다. 궁창 위에 하늘이 있고 하늘 아래 땅이 있었다. 그때의 환경은 아주 좋은 상태여서 인간들의 수명은 900년으로 길고, 동식물도 크고 수명도 길었을 것이라 추측한다.

그러나 하나님께서 인간의 악함을 보셨다. 창세기 6장 11절에 "그때에 온 땅이 하나님 앞에 부패하여 포악함이 땅에 가득한지라"라고 말씀한다. 하나님의 공의, 토브(חוב)로 보시면 인간은 너무 악했다. 그러나 하나님은 꺼져 가는 등불도 끄지 않으시는 자비의 하나님이시므로 노아 여덟 식구를 구원하신다.

하나님이 노아를 보시기에 "노아는 의인이요 당대에 완전한 자라 그는 하나님과 동행하였으며"(창 6:9)라고 기록할 만큼 당세의 인간 중에서는 완전한 자였다. 하나님의 계획을 위해 노아에게 방주 짓기를 명하시자 노아는 아무런 저항 없이 순종하였다.

바다는 있었으나 비는 내리지 않았다. 물이 있었으니 방주를 지으라 하셨다. 방주는 잣나무(창 6:14, 원어는 고페르 나무)로 만들고 (가볍게 뜨게 하기 위해), 폭은 50규빗(22.5m), 길이 300규빗(135~140m 정도), 높이 30규빗(13.5m 정도), 후에 홍수로 멸망시킬 것이라 하며 산 중턱에 지으라 말씀하신다. 역시 노아는 아무런 저항이 없이 순복하였다. 이것이 노아가 은혜를 입었다는 증거이다. 오직 '예'로 반응한다. 노아가 500세에 방주를 짓고, 600세에 홍수가 났으니, 그 사이에 세 아들(셈, 함, 야벳)을 낳았을 것이고 그들은 아마 25~26세쯤 되었을 것이다.

노아가 방주를 지을 때 아무도 합류하지 않았을 것이다. 사람들은 믿지 않았다고 말씀한다. 이로 보아 방주를 짓는 데 아마도

70~80년 혹은 더 짧은 기간이 걸리지 않았을까 생각한다. 방주 건축 때 도와준 세 아들의 나이를 추정하여 보았기 때문이다. 노아는 명령에 순종하여 하나님이 지시하신 설계대로 사이즈를 정하여 나무로 만들고 역청을 안팎으로 발랐다(밖은 물의 침범을 막고, 안은 공기의 유출과 저온을 막기 위해).

이후 홍수가 났다. 40일 동안 폭우가 계속되면 지구상 공기가 증발하여 위로 올라가므로 진공 상태였을 것이고, 코로 숨쉬는 생물은 질식하였고, 40일 동안 햇빛이 없었으므로 지구의 온도 하강으로 빙하기가 오고 저온이 된다. 사방이 물천지였기 때문에 숨을 쉴 수가 없었으나 노아의 방주 안에서는 숨을 쉴 수 있었다(예로, 폼페이의 화산 폭발 때 화산재 때문에 숨을 쉴 수가 없었다). 이런 상태를 유지하기 위해선 노아의 방주가 유람선이 아닌 밀폐된 공간으로 제조되어야 했다.

### 1) 방주의 모형

필자가 손수 만든 축소된 방주는 한국의 전통적인 길다란 관과 같은 모양이다.[45] 180분의 1 축소형이며 거기에 가로로 횡적인

---

45) Height: 30Cubits, 13.5m, 45ft. Width: 50Cubits, 22.5m, 75ft. Length: 300Cubits,

나무판을 더해 보면 그림에서 보는 바와 같이 십자가 모양의 방주 모형이 나온다. 노아의 방주는 죽음에서 구원되는 영적인 예표다.

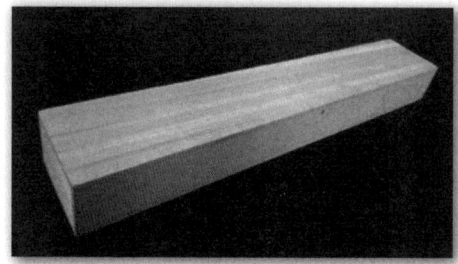

윤세웅 박사의 방주 모형

방주의 모양은 구조와 안정성에 큰 영향을 미친다. 비율이 완전하였기에 40일 동안 부서지거나 뒤집히지 않았다. 지구의 자전(시속 1,500마일 정도)과 공전이 있어 요동함에도 부서지지 않았다. 해변의 바닷가에 배를 지으라 하시지 않고 산 중턱에 방주를 지으라 하심은, 유람선이 아니고 생명 유지용 밀폐된 공간을 지으라는 명령이었음을 꼭 기억해야 한다.

노아에게 지으라고 명하신 방주(ark)는 하나님의 지혜로우신 방법으로 제작되었다. 노아의 여덟 식구와 생물들을 죽음에서 살

---

135m, 450ft. Built by Noah, 10th Generation of Adam, Shem, Ham & Japheth of his 500th. Floated for 150 days(40 days rain) with a window 1x1 Cubit size and one door(Genesis 6:1-9). A miniature reduced 180x by Dr. R. Yoon.

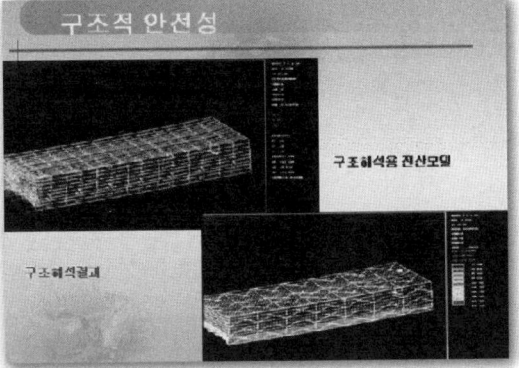

아낢게 하기 위한 수단으로 제작하신 도구, 즉 밀폐된 공간인 나무방주이다(Hollow Chest, 창 6:14-16). 마치 모세의 어머니 요게벳(Jochaebet)이 아기 모세를 살리기 위해 만든 상자(출 2:3)와 비슷한 뜻을 가진 구원 구조물이다.

요즈음 전시되어 있는 관람용 배 모양이나 유람선 따위가 아닌, 한국에서 죽은 사람을 매장할 때 사용하는 기다란 목관과 같은 모양이었다. 길이 300규빗(135m), 너비 50규빗(22m), 높이 30규빗(13.5m)에 3층으로 이루어진 큰 밀폐 공간이었다. 방주 옆면에는 들어갈 수 있는 문이 있었고, 방주 윗면에 1규빗 크기의 창문 하나가 있었다. 그리고 방주 안팎으로 역청을 발라 방수뿐 아니라 공기가 새어나가지 않도록 해 밀폐된 공간으로 설계한, 물에 뜰 수 있는 부조물인 것이다. 용골도 없고, 돛대도 없고, 앞뒤도 없고, 방향타도 없고, 밖을 내다볼 수 있는 창문도 없는, 마치 죽은 사람들을 넣어 놓는 어두운 관과 같은 모습이었다.

우리 생각에는 어리석은 설계인 것 같아 보이나, 전지전능하신 하나님의 지혜로우신 설계에 저자도 감탄할 수밖에 없었다.

방주 속의 동물들

동물들은 모두 다 방주 속에 들어갈 수 있다고 본다. 현대 사용되는 기차의 짐칸을 보면 한 칸에 각종 동물 240마리가 들어간다. 방주를 이것의 10배로 본다면 모두 들어갈 수 있다. 다만, 크고 늙은 것은 넣지 않고 중간 크기나 새끼들, 생산 가능한 젊은 것으로 하나님께서 골라 넣으셨다고 하셨다. 동물들이 조용했던 것은, 선천적 재앙 감수성이 인간보다 예민하여 재난을 이미 눈치채고 느끼고 있었기 때문이라고 볼 수 있다.

  3층 구조의 방주에는 환기용 창문이 없었고, 방주 위에 단 한 개의 창문을 하나님의 설계대로 한 개(1규빗짜리, 창문은 길이 300규빗에 비하면 1/300, 사람의 어깨넓이 정도)를 만들었다.[46] 이 방주는 죽어야 하는 인간과 동물을 살리는 방주로 십자가의 예수 그리스도의 모형이 아닌가! 인간들의 돈벌이용 유람선이 아니다. 아담과 이브부터 부패한 인간들을 환경을 바꾸어 다 쓸어 버리려는 하나님의 계획이었다. 노아의 여덟 식구 이외의 인간들은 모두 가루가 되게 하시고, 흙덩어리가 되어 버린다. 그러나 그들의 혼은 최후 심판을 위해 음부로 모으셨다. 인간의 몸은 75%가 물 덩어리이기 때문이고 25%의 고체 속에는 유전자들이 다 있다.

---

[46] 어떤 과학회는 환기에 대한 문제를 언급하며 "방주 내의 동물들은 배설물로부터 발생된 가스 때문에 고통을 받았다"라고 말하며, 환기를 위해 방주의 창이 처마 밑으로 길게 연속적으로 나 있는 구조일 것이라는 성서학자 벤 유리의 주장을 언급하였다. 그러나 필자는 이것이 크게 잘못된 주장이라고 말한다. 이것은 방주에 가로, 세로 한 규빗(45cm) 정도의 작은 창을 하나만 만들라고 하는 하나님의 설계도를 오해한 것이다. 상식적으로 방주의 크기를 생각해 보면 창의 크기가 너무 작다(창 6:16). 그러나 한 개의 창문(A Window)은 방주 안의 환기를 위해 만들어진 것이 아니고, 역청을 발라 방주를 밀폐하여 빙하기인 외부와 차단하고 방주 안의 온도(저온)와 기압을 유지하기 위한 하나님의 명령으로 한 개의 창문을 낸 것이다(2017년 10월 17일 저자의 "노아의 방주-아산화질소 저온 동면설" 세미나 아멘넷 뉴스에서 발췌).

## 2) 방주 안에서 어떻게 생활했을까?

잣나무(고페르, gopher)로 만든 방주가 현재 아라랏산에서 발견된다고 한다. 방주에 들어가 375일(365+10)? 동안 살았다. 10일의 근거는, 방주에 들어간 날이 2월 17인데(창 7:11), 방주에서 나온 날은 2월 27이라는 것이다(창 8:14). 동물들이 375일?을 살기 위해 어떻게 그 음식들을 충당했으며, 그 멀미 속에서 음식을 주고 먹었을까. 이것을 어떻게 과학을 통해 증명할 수 있을까.

성경의 기록은 사실이다. 다 죽게 된 사람들이 어떻게 동물에게 음식을 줄 수 있을까. 노아 홍수 심판 때 지구상의 빙하기가 처음 시작되어 동면 상태의 저온이었을 것이다. 사람과 동물들의 체온도 36.5℃에서 저온으로 떨어져 아마 34℃ 정도 되었을 것이다. 그러면 동면하게 된다. 또한 저온이 되면 식사를 하고 싶은 의욕도 사라진다. 그보다 더 중요한 문제는 그 속에서 만들어지는 가스이다.

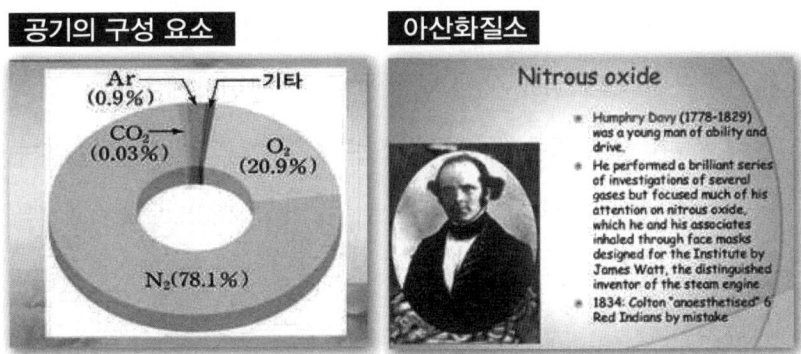

하나님께서 인간에게 주신 공기의 함량 비율은 질소 78%, 산소 20%이다. 질소의 함량이 80%가 되면 마취 가스로 변하여 아산화질소(Nitrous Oxide, 나이트로스 옥사이드)가 되는데, 나이트로스 옥사이드는 마취할 때 사용한다(치과 마취 때, 얼굴 근육들이 웃는 모습이 된다고 해서 '웃음 가스'로 불림). 즉 방주 속에는 아산화질소(나이트

로스 옥사이드)가 있었을 것이다. 그럼 질소는 어디서 나오나. 방주 속 생물들은 기분 나쁘고 더럽고 비환경적이라고 생각할 수 있으나 죽을 생명과 바꾸는 입장에서 생존할 수 있다고 생각하면 오히려 천만다행인 상황이다. 대변이나 방귀, 호흡, 노폐물이 부패하면서 나올 수 있다.

즉 방주 속은 산소량이 적어지고(나무들이 없어 탄소동화작용이 안 되니 산소가 없어짐) 질소량은 많아지므로 나이트로스 옥사이드, 곧 아산화질소가 조성되어 그것으로 숨을 쉬게 된다. 마취제를 호흡했으니 마취 상태가 되고, 저온으로 인해 동면 상태가 된다. 동면에 들어가면 1분 동안 300번 뛰던 맥박이 1~2번밖에 뛰지 않으며, 4일에 한 번 정도 밥을 먹는다. 그러므로 배고픈 줄을 잘 모른다(창자가 꼬인 자들에게는 이 마취제를 쓸 수가 없다). BMR(Basic Metabolic Rate)이 저하되니(배부르고, 마취되었으니) 당연히 375일 동안 생존할

웃음 가스(Laughing Gas, 래핑개스) 처리 문제

수 있다. 얼굴들은 아산화질소(laughing Gas)로 인해 웃는 표정이 되므로 동물들의 적대감도 서로 없어졌을 것이다.

아산화질소(나이트로스 옥사이드, 래핑개스)를 호흡하면 기분이 좋아지고 춤을 추고 웃는다. 요즘은 이 가스를 넣은 해피 풍선이 화제가 되기도 한다.

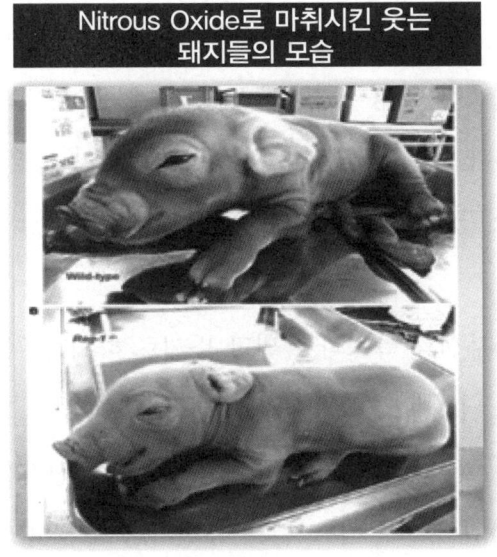

Nitrous Oxide로 마취시킨 웃는 돼지들의 모습

아산화질소 저온 동면설은 오직 필자의 의견이며 현대 과학으로 설명할 수 있는 적합한 이론이지만, 그러나 증명은 하지 못한다. 필자는 아라랏산에 가서 역청은 어떻게 발랐을지 노아 며느리들

의 화장품류나 쓰레기 등 무엇이라도 있을지 방주 탐방을 원한다. 그곳은 눈에 덮여 있기에 아직까지도 보존 가능성이 있다고 본다.

1년 후, 방주 위의 창문을 열어 까마귀, 비둘기를 내보내고(창 8:7-11), 2월 27일에 땅이 다 말랐음을 알고(창 8:14) 노아가 방주에서 식구들과 동물들과 같은 날 나온다(창 8:15-19). 375일?이다. 여기서는 음력이다. 나오고 나서 "아 하나님의 은혜로 이 쓸데없는 자~"를 찬양하고 준비한 정결한 동물 7쌍을 가지고 번제를 드렸을 것이다. 그러나 "참 아름다워라 주님의 세계는~"은 그 당시 적합한 찬송은 아니다. 대홍수 후, 지구상은 모든 것이 사라지고 홍수 탁류로 쓸어 버린 황무지, 텅 빈 벌판 같았을 것이다.

하나님은 자신의 목적과 계획과 뜻대로 하시기 위해 노아의 여덟 식구라도 남기시고 그들을 살리신다. 그렇다고 그들이 우리와 다른 사람은 아니다. 그들이나 우리나 같은 유전자를 가졌고, 우리 모두 노아의 후손들이다. 같은 유전자를 소유하였으므로 노아와 같이 포도주를 많이 마시고, 실수할 수 있는 후손들이다.

노아가 아라랏산에서 내려왔을 때 그곳은 터키(튀르키예)였다. 바벨론의 길가메시 서사시에서도 볼 수 있듯이 같은 홍수 내용이

전해지고, 바벨론 문화도 노아 후손에게 건설법을 배워서 지구라트, 곧 니므롯의 바벨탑도 만들었으니 인간은 인간이다. 다만 노아 때는 800~900년을 살았고, 노아 이후로 400년 정도 살다가, 수명이 120년 정도로 줄어들었다. 지구 환경도 변하였고, 무지개도 생기고 비의 성분도 현재와 같이 달라졌을 것이다.

노아 홍수 심판과 생명 보존을 위한 노아 방주는 사실이고, 노아의 식구들도 현재 우리들과 다 같은 유전자를 소유한, 니느웨 성을 만든 바벨탑의 우상자들이며, 오직 예수 그리스도의 은혜로 살았을 뿐 흙덩어리이다. 그렇다고 흙덩어리로만 사는 것은 아니다. 하나님을 하나님으로 인정하는 자가 되어야 하며, 이 믿음을 허락해 주신 분도 하나님이신 것에 감사하고 경배할 뿐이다.

이것이 창조주와 피조물의 관계요, 한계요, 시스템이요, 목적이다. 한마디로 말하면, 노아 홍수 심판 사건은 오직 조물주 하나님의 은혜로만 구원되는 은혜구원의 생생한 역사적 사실을 증명하는 하나님의 재연 합성이며, 예수 그리스도의 은혜구원 대속을 예표한 사실 증거였다.

## 결론

## 1. 창조에서 복음까지

하나님께서 첫날에 카이로스(Καιρός, Kairos)에서 범죄한 타락한 천사들을 최후의 심판 때까지 가두어 놓을 감옥소로 우주(크로노스, Χρόνος, Chronos)를 창조하시고, 우주의 주인이심과 공의로우심과 예수 그리스도를 표상하는 빛(만유의 에너지)을 창조하셨다. 둘째 날에는 궁창(우주 공간)을 만드시고, 셋째 날에는 지구에 포커스를 맞추시어 땅과 초목을 만드셨다. 넷째 날에 해, 달, 별들을 만드시고 6일 창조의 하루를 현재 시간으로 24시간임을 강조하기 위해 같은 말 "저녁이 되고 아침이 되니"를 6회 반복하신다. 천지창조의 144시간에 대한 6일 창조를 후세 인간들이 부정하거나 논의할 것을 아시고 창조 때 하나님이 의도적으로 매일 명시하셨다.

셋째 날에 만드신 초목을 위해 넷째 날에 태양을 만드셨는데, 채소와 초목이 광합성 작용을 할 수 있게 하려면 24시간 내에 태양을 만드셔야 했다. 만일 빅뱅이 있었다면 넷째 날에 있었을 것이다. 다섯째 날에 물고기와 새와 기는 동물들을 창조하셨다. 이처럼 창조하신 후에 여섯째 날 아담과 이브를 하나님의 형상(이미지, 뜻), 인격적인 존재로 만드시고, 하나님의 계획과 목적과 의도와 시스템이 있으심을 보여 주시고, 계획하신 은혜구원을 이루어 가신다. 필자는 우주 창조가 144시간(24×6일)임을 고집한다. 하나님(조물주)은 전지전능한 신이시기에 가능하다.

하나님은 피조물을 조물주와 같이 만들지 않으셨다. 피조물은 조물주와 같지 않은 흙으로 만드시고(완전 타락), 생명을 불어넣어 인간으로 만드셨다. 피조물인 인간은 마귀의 유혹에 빠질 수밖에 없게 창조되었고, 그리하여 하나님께서 피조물에게 명령하신 선악과를 따 먹을 수밖에 없었다. 만약 하나님이 아담과 이브가 하나님의 명령에 불복종할 것을 모르셨다면 하나님은 전지전능하신 분이 아니다. 하나님께서 인간을 마귀의 유혹에 빠질 수밖에 없이 창조하셨다면 모든 책임을 하나님이 지셔야 한다.

마귀의 유혹에 빠진 인간에게는 하나님에 대한 불복종이라는 수직적인 죄가 발생한다. 그러나 하나님은 은혜로서 대속의 가죽 옷으로 인간을 입히시고, 에덴동산에서 추방하여 세상에서 인간의 근본된 토지(아담의 본체, 육체)를 갈아 경작하여 살게 하셨다. 창세기 3장 15절은 복음의 시작이다.

"내가 너로 여자와 원수가 되게 하고 네 후손도 여자의 후손과 원수가 되게 하리니 여자의 후손은 네 머리를 상하게 할 것이요 너는 그의 발꿈치를 상하게 할 것이니라 하시고"라는 말씀은 예수 그리스도를 통한 대속은혜의 구원이 선포된다는 뜻이다

성경은 창세전에 하나님께서 우주를 만드신 목적 중 하나를 말씀하신다. 즉 하나님이 계시는 카이로스(Καιρός, Kairos)에서 불복종으로 대항한 타락한 천사들, 루시퍼 일행을 잠시 가두어 두시는 감옥소가 필요하심을 아시고, 우주를 만들어서 카이로스와 크로노스(Χρόνος, Chronos)의 상태를 만드셨다.

즉 하나님께서는 우주를 루시퍼를 가두어 놓는 일시적 감옥으로 두시고(하나님이 루시퍼 일당을 완전 멸망, 최후의 심판 때까지 가두어 놓을 크로노스), 우주에 조그마한 지구를 만드시고 거기에 인간을 창조하셨다. 하나님은 하나님의 예정에 의한 은혜로 구원될 자들을 구원하실 계획으로, 흙으로 만든 인간이라 할지라도 예수 그리스도의 믿음으로 중생된 인간들의 행위나 상황을 루시퍼 일당에

게 보여 주시기 위함일 수도 있다고 사료된다. 왜냐하면 루시퍼 일당도 최후 심판 때 조물주가 자신들을 타락하도록 지으셨다고(하나님이 나를 창조하실 때 완벽하게 만들지 않으시고 배반할 수 있도록 창조했다고) 항변할 것이기 때문이다.

아담과 이브는 자기의 근본된 땅을 경작하여 먹고 살면서 땅에서 생산된 양과 소산물 중 본인들이 불순종한 죄를 사해 주시고 피 흘려 양을 잡아 가죽옷을 입혀 주셨던 은혜를 기억하는 피 흘림의 속죄제를 드렸다. 하나님께서 이처럼 속죄제를 드리는 아벨의 제사는 받고 그렇지 않은 가인의 제사는 받지 않으시자, 가인은 회개하지 아니하고 오히려 동생 아벨을 죽이기에 달한다.

이는 죽을 수밖에 없는 "선악과 양심"의 발로, 즉 자존심, 개체 유지 본능 등 결국 자기 아우를 죽이는 살인죄까지도 거침없이 행하는 인간을 정확히 묘사한다. 하나님의 통치를 벗어나면 죄를 지을 수밖에 없고 그 죄는 아무도 해결할 수 없음을 알면서도 여전히 선악과 양심에서 우러나오는 자유의지 발로로 사죄를 노력한다. 그러나 결국 할 수 없음을 알게 되고, 예수 그리스도께서 오셔서 그 구원을 완성하시고 실현하신다. 그러므로 조물주 하나님의 존재를 부정하거나 피조물로서 조물주에 대한 경외심을 잊어 버리는 것이 죄의 시작이라고 볼 수 있다.

하나님께서 창세전에 예정하신 자들은 하나님의 계획에 따라 하나님의 시간에 의해 저주받은 선악과 양심에서 우러나온 신념, 각오, 소위 믿음이라고 하는 인간의 노력을 억제하신다. 그리고 하나님의 구원 계획 시간에 따라 선악과를 따 먹고 영벌할 수밖에 없는 인간에게 생명나무로 오셔서 선악과의 저주를 생명나무의 축복으로 바꾸신다. 생명나무(예수 그리스도의 믿음, 예수 그리스도의 은혜)로 오셔서 인간에게 상주하시고 영생에 이르도록 계속적으로 작용하신다.

창세전에 예정된 자들은 중생, 성화, 견인이 보장된다. 즉 조물주의 토브(חוב, 공의, 선), 공의로우심이 조물주의 피 흘리심으로 보장이 된다(예정되지 않은 자들의 구원 유기)는 뜻이다. 그리스도의 피 흘리신 대속(에덴동산에서 아담과 이브에게 입혀 주신 가죽옷)은 창세전에 죽임을 당한 어린양의 표현으로 하나님의 공의로우심을 재연한 것이라 할 수 있다. 즉 예수 그리스도의 십자가 대속의 죽음 후, 둘째 날 음부로 내려가서 노아 이전에 죽은 자들과 예정되지 못한 자들에게 예수 그리스도의 공의로우신 대속, 속량을 선포하신다(Proclaim)(벧전 3:19-20).

예정되지 않은 자는 하나님께서 주신 선악과 양심에 의한 자유의지로 행위적으로 수평 관계에서 나오는 인간 사이의 죄에만 열심을 낸다. 수직 관계에 관심 가지지 않음은 인간이 왜 이 땅에 살게 되었는지에 대한 무관심이다. 그들은 조물주 하나님을 인정하지 않는다. 물론 복음(예정)을 강하게 전하는 자도 없으므로 자신들의 행위에만 관심을 두고 그것으로 구원을 얻을 것 같은 생각에 머무르게 된다.

그러나 그렇게 해결할 수 없음은, 에덴동산에서부터 인류의 죄, 아니 자신의 죄 문제의 원인과 그 죄를 해결하시는 하나님의 의도, 목적, 뜻에 집중하지 않고, 범죄 후 에덴동산 밖의 인간관계, 수평 관계, 자유의지에 국한된 범위를 벗어나지 못해서이다.

창조 이후 하나님께서 "땅 위에 사람 지으셨음을 한탄하사 마음에 근심하시고 이르시되 내가 창조한 사람을 내가 지면에서 쓸어버리되 사람으로부터 가축과 기는 것과 공중의 새까지 그리하리니"(창 6:6-7)라고 하시며 노아 방주 홍수 심판 사건을 보여 주신다. 그럼에도 불구하고 노아의 여덟 식구만 구원하셔서 인류를 이끄시며 예정된 자들을 찾으시는 하나님의 구원 계획을 보며, 예수 그리스도의 은혜구원의 예표로 보이시고 어떻게 그들을 방주 속에서 375일을 살아나게 하셨는지를 잠시 요약해 보았다.

우주 창조의 목적 중 하나로 필자는 '루시퍼를 잠시 가두는 감옥소'로 만든 것이라 말한다. 언젠가 이 우주는 없어지고 천국과 지옥으로 나뉘며, 천국 가는 하나님의 자녀들은 하나님과 함께 영원히 왕 노릇 한다. 사람은 악하나 가인의 자손 중에도 하나님의 씨가 있는 자가 있고 셋의 자녀 중에서도 악한 자가 있다.

하나님께서 이것을 아시고 노아의 여덟 식구만 남기고 홍수로 심판하신다. 방주는 높이 30규빗, 폭 50규빗, 길이 300규빗이다. 1규빗짜리 창문 하나만 방주 위에 내시고, 망망대해에서 파선되지 않게 하시고 살리신다. 구원은 '죽을 것이 살았다'라는 의미이다.

노아는 화석 하나 남김 없이 가루가 되어 버리는 죽음 속에서도 살아남은 구원에 감사하나, 방주에서 나온 후 포도를 심고 풍년을 이루었음에도 결국 그것으로 취해 버린다(포도즙이 포도주로). 노아는 500세(장년, 노년이 아닌)에 배를 지을 때(산 중턱에) 사람들에게 오랫동안 외면당한다. 노아의 순종은 노아가 거룩해서가 아니라 하나님과 동행하므로 하나님이 노아를 순종하게 하신 까닭이다. 순종의 의미가 중요하다. 즉 동행하는 것, 성화 견인은 우리가 하나님의 은혜를 알면 순종하게끔 만드시는 것이다.

수메르 문명이 셈, 함, 야벳에게 전수됨으로 그 자손들이 석기

시대(가죽옷 입고 동굴에 살고)와는 다른 니느웨 성, 바벨론 문화(집도 짓고)를 형성한다. 즉 수메르 문명이 유프라테스강을 중심으로 아주 발달한다. 그 문명은 함무라비 법전, 길가메시 점토판 등에 기록되어 있다. 이것들(바벨론 문화)은 노아의 세 자녀를 통해 이루어진다. 문명은 이처럼 발달하나 우리 인간이나 동물이나 식물의 유전자는 여전히 같기 때문에 노아의 세 아들이 조상들이 된다. 이 속에 하나님의 씨가 있는 자(예정된 자)는 감사하므로 저절로 받아들여진다. 이것이 하나님이 주시는 기쁨이다. 이 세상의 기쁨도 있으나 이것은 이 땅의 보너스이다.

역사 속에 이후부터는 문명이 나오고 원역사의 노아의 세 자녀로부터 나온 후손들이 살아간다. 하나님은 조물주이시므로 어디든지 무엇이든지 모니터링하신다. 불꽃 같은 눈으로 뭐든 다 보시고 알고 계신다.

현대 일부의 교인들은 일반 종교와 같이 "선악과 양심"에 따른 행위들, 수평적 죄들에 큰 관심을 가지고 있다. 율법을 지킴으로 다시 에덴동산으로 돌아갈 것이라 생각한다. 그러나 수직 관계를 해결하지 않고는 돌아갈 수 없다. 예수님 외에 누가 해결할 수 있겠는가. 자유의지로 가능했다면 아담, 이브가 통곡하고 사죄해 달라 애원했을 때 에덴동산으로 환원되었을 것이다. 마지막 심판에서 마귀들은 영원한 불못으로 들어가는데 타락 전 카이로스(Καιρός, Kairos)로 돌아갈 수 있겠는가.

그러므로 죄를 해결하기 위해서는 누군가가 죽어야 한다. 대속해야 한다는 말이다. 하나님은 인간이 왜 우리는 예정해 주지 않았는가에 대한 불평(감옥에 가면 자신이 잘못했다는 사람 아무도 없다), 즉 하나님의 공의에 대해 반항이 있고 핑계 댈 것을 아셨다. 이에 예수님께서 죽으시고 둘째 날 음부로 내려가셔서 노아 이전에 죽은 자들과 예정되지 못한 자들에게 선포하신다(Proclaim). 예수님께서 창세전에 목 베임을 당한 어린양의 생명책에 기록되지 않은 자들에게 하나님의 공의를 죽으심으로 선포하신 것이다.

하나님은, 피조물이 비록 흙으로 지어진 자들일지라도 주님을 위해 목숨을 바치건만, 최고의 피조물로 만든 루시퍼가 역모를 일으켰으니 흙으로 만들어진 인간보다 못함을 선포하신다. 그리고 예정하신 자들을 위해 피로 대속하셨음을 보이시고, 조물주 하나님의 공의를 다시 확인시켜 주신다. 여기서 하나님의 은혜에도 시스템이 있다는 것, 즉 피조물이 조물주가 될 수 없음을 밝히고 있다.

예수님이 우리와 수직의 죄를 담당하시므로, 우리는 수평으로 지은 죄를 해결해야 한다. 그러나 인간이 에덴동산에서 떠나면서 미움 등과 같은 인간관계에서 많은 죄들이 발생한다. 죽일 수도 없고, 죽지도 않고, 잘 먹고 사니 돌연변이도 생기고, 보기 싫은 사람도 봐야 하고, 원하지 않는 세금도 내야 하는 등 편하지 않는 일들과 맞선다. 이것이 루시퍼 일당을 가두어 놓은 감옥소, 즉 공중의 권세 잡은 자 루시퍼의 영향권 내에 있는 지구상에서 살아 나가는 인생이다.

이 속에서도 우리가 사는 것은 하나님의 은혜이다(토브, חוב, 은혜와 평강, 구원의 약속까지). 은혜란 우리가 원할 수도 없는 구원을 받은 것이다. 평강도 받았다. 우리가 아는 평강과는 다르다. 중생된 자가 받는 평안은 죄를 다 짊어진 주님이 주시는 평안이다. 다른 종교는 수평적인 죄는 해결하지만 수직적인 조물주 하나님과의 죄는 해결하지 못한다. 기독교인만이 예수님을 통해 수직의 죄를 해결하고 성화 과정을 지나 영화 과정이 되면 하나님께서 데려가신다. 그래야 우리의 유전자가 나중에 복제 부활하여 영광스런 몸, 각각 다른 인간 형태의 부활체가 되기 때문이다.

그러므로 주 안에서 죽은 자는 복이 있다. 여기서 예정의 교리가 나온다. 에덴동산에서 죄를 지은 후 쫓겨나면서부터가 아니라 창세전부터 예정되었다고 성경은 말한다.

하나님은 조물주이시므로 피조물인 인간을 원하시면 누구나 소명하여 쓰신다. 소명됐다고 해서 꼭 구원 예정에 있지는 않다. 예정되지 않고 그저 소명으로 쓰임만 받는 자, 곧 가룟 유다나 바로, 느부갓네살 등은 영생도 없고 하나님과의 수직 관계에 대한 친화력도 없다. 친화력은 어디에서 나오는가. 창세전 하나님의 예정선택에서부터 나온다. 인간은 생명나무를 먹지 못했기에 영생할 수 없고, 춥고 덥고 배고프나 여전히 에덴으로 돌아가지 못한다. 에덴 밖의 땅은 저주받은 곳이기에 이 땅은 계속 수평적 세상만 생각하게 된다.

그럼 어떻게 해야 수직 관계, 죄를 해결하는가. 다른 종교들은 행위에 있으나 기독교는 예수 그리스도만이 해결하시는 은혜의 구원인 예정에 있다. 성령이 임하시면, 즉 중생시키시면 먼저 죄를 알게 하여 회개시키시고, 하나님의 공의와 심판에 대하여 알게 하신다. 또한 자기 이름을 위하여 우리를 의의 길로 인도하셔서 성화시키고 견인하여 끝까지 천국으로 인도하시는 은총이 나타난다.

예정된 자가 중생된 후 나타나는 9가지 성령의 열매는 단수로

9가지가 단번에 한 덩어리로 나온다(갈 5:22-23). 그러나 성령의 은사들은 복수로 여러 은사가 있다(고전 12:7-12). 성령의 열매는 9가지가 한꺼번에 나타나야 한다. 성령의 열매 중 '절제'는 내가 하고 싶은 것을 안 하는 것이 아니라, 하나님이 하라는 것은 하고, 하지 말라는 것은 하지 않는 것이다. 성령의 은사는 구원되지 않은 자에게도 나타날 수 있다. 성령님은 조물주이시기 때문에 소명된 자에게 누구나 은사를 주어 사용하실 수 있다.

### 1) 예수님의 초림에 대하여

바울 서신 어느 부분에 "예수 그리스도의 믿음이 우리를 구원하신다"라고 쓰여 있는지 관심 있게 보아야 한다. '예수 그리스도 안에 있는 믿음'(Faith in Jesus)으로 오역되어 있으나 실제로는 '예수 그리스도의 믿음'(Faith of Jesus)으로, 즉 조물주의 대속으로 구원받는다. 믿음으로 선조들이 구원된 것은 창세전에 예정되었기에 예수 그리스도의 믿음으로 구원되었고, 행위가 없는 신생아나 사산아 중에서도 예정된 자들만이 구원된다.

우주, 즉 시간과 공간을 창조하신 분이 예수님이시므로 2,000년 전의 초림은 창세전에 목 베이심을 당하신 어린양 십자가의 재연이기에(계 13:8) 구약 시대의 구원된 성도들도 소급되어 구원된다. 시간과 공간을 만드신 예수 그리스도의 구원 계획에는 구원의 시간적인 제한성이 없다. 아주 중요한 구원론적 포인트다. 구원에 이르는 믿음은 인간 자유의지에서 나오는 결심, 명심, 각오나 노력 등의 믿음이 아니고 예수 그리스도의 대속하신 은혜, 예수 그리스도의 믿음이며, 이 믿음이 예정된 자들을 구원하신다.

### 2) 예정에 대하여

구원론 중에 '예지예정론'이 있는데 많은 이들이 동의하지만 이것은 하나님의 공의에 반대되는 것으로 비성서적이다. 하나님은 전지전능하시므로 모르는 것이 없으시나 삼위의 하나님께서 합의하에[47] 창세 후가 아닌 창세전 카이로스(Καιρός, Kairos)에서 어떤 부분을 예정하고 선택하셔서 그 부분에 들어 있는 자들을 구원하시는 무조건적 선택이다. 창세 후 자격 여부에 따라 선택하거나 그들을 구원하시는 것이 아니다. 이것이 하나님의 공의다. 즉 구원 예정은 우리의 선택이 아니며, 인간 창조 전에 무작위로 예

---

47) 예정은 우리 의지와 관계없이, 전적 타락으로 선택할 능력도 할 수도 없는 자들을 선택해 주셨다는 것이다. Election은 성부 성자 성령 삼위의 하나님이 동의하여 투표로 결정하셨다는 의미로 해석해야 한다.

정된 자들을 구별하시는 은혜로운 하나님의 경륜이다. 그러나 하나님께서는 이렇게 선택된 자들도 실족할 줄 아신다. 아담이 불복종할 줄 아셨다.

하나님은 선택된 그들을 하나님의 은혜로운 영광의 찬양물로 만드시려고 창세전, 아담을 창조하시기 전, 목 베임을 당하셔서 그 피로 예정된 자들의 보증이 되셨다. 그 후에 태어난 선택된 자녀들을 성령으로 중생시키시고, 회개시켜서 성화 과정으로 견인하시는 구원 사역은 하나님이 피로 사신 자녀에 대한 하나님의 의무와 은혜이다. 이것이 창조주와 피조물의 한계를 정하시는 하나님의 시스템이요, 하나님(예수님) 자신이 피를 흘리시는 것이다.

회개하지 않고 믿지 않는 불신자는 구원 예정에 없기 때문이고, 성령 예수님이 오시지 않아 중생시키지 않기에 하나님께 공평하지 않다고 하거나 공의롭지 않다고 항의할 수 있다. 이때 하나님께서 불신자들에게 예수 그리스도의 대속 즉 창세전과 초림 십자가의 대속을 제시하시면, 불신자들은 유구무언일 수밖에 없다. 회개하지 않고 예수님을 구주로 영접하지 않는 사람은, 자기가 예수님을 영접하지 않아서 구원 못 받는 것이 아니고 구원 예정에 없기 때문이다.

우리는 신이 아니고 인간이므로 누가 구원 예정에 있는지 모른다. 다만 그리스도의 증인 역할만 할 뿐이다. 하나님이 구원될 자를 미리 아시고 예정하셨다는 예지예정론은, 하나님을 불공평한 조물주라는 결론에 이르게 되므로 비성서적임에도 불구하고 (Election이 아닌 Selection이므로) 많은 신학자들이 범종교적으로 받아들인다. 독생자의 피 값으로 사신 하나님의 자녀들의 구원에 관해 감히 누가 힐난하리요. 이것이 하나님의 공의이다.

Selection과 Election을 혼동하면 안 된다.[48] 구원, 성화 과정은 성령님이 우리 안에 계심으로 우리에게 주신 자유의지에 섭리하고 간섭하신다. 우리에게 선택의 자유의지를 주셨지만 영생을 자유의지로 얻을 수는 없다. 죽은 후 영생의 부활은 하나님만이 하시고, 자유의지로 자기를 소생시키거나 부활시킬 수는 없으므로 오직 하나님의 주권 안에 있음을 알아야 한다.

---

[48] 예정이라는 용어는 창세전 인간 구원에 관한 삼위 하나님의 계획에 나타나는 말로, 하나님의 열심이 기필코 그 구속사를 이루실 것을 분명하게 하나님의 섭리 속에서 그분의 경륜으로 드러내심을 나타내는 용어이다. 예정된 자에게 하나님의 섭리로 성령님의 감화, 간섭이 예수님의 재림 때까지 우리를 견인하신다. 즉 피 흘려 사신 예수 그리스도의 생명책에 녹명된 신부들을 중생 후 죄를 회개시켜 과거, 현재 및 미래의 죄까지 대속하신다. 하나님 앞에 흠 없는 신부로 영생을 누리게 하시는 구원 완성은, 하나님만이 하신다. 아담이 불복종함과 같은 죄악된 인생들 중에서 우리를 창세전에 예정하신 그 은혜에 감사하고 순종할 뿐이다. 그러기에 예정 없는 구원(선택)은 절대로 없다. 즉 예수님의 보혈이나 하늘로서 나지 않았으면 성령님께서 섭리, 역사하시지 않으므로 구원될 수 없다.

예수님은 2,000년 전에 자신이 만드신 시간과 공간 속으로 오셔서 창세전에 목 베임을 당하여 예정된 자들의 대속하심을 재연하는 것이 십자가 사건임을 우리는 알아야 한다. 40일 후 자기가 만드신 시공을 떠나 자신의 보좌, 하늘 보좌로 승천하심을 보여 주신 은혜에 감사해야 한다. 이런 초림이 없었다면 기독교는 아직까지 존재하지 않았을 것이며 또한 재림신앙의 소망도 가능하지 않았을 것이다.

### 3) 공의(Righteousness)에 대하여

구원, 예정되지 않음에 대해 하나님은 공의롭지 않다고 항의하는 사탄에게 하는 답이다. "아담의 불순종의 결과로 죄가 세상에 들어와서 모든 사람들은 죄인으로 태어나게 된다"라는 해석은 비성서적이다.

하나님께서는 아담(인간)이 불순종할 것을 이미 아시고(하나님께서 인간은 전적 타락으로 사탄의 유혹에 넘어갈 수밖에 없으며 그렇게 창조하신 인간임을 알고 계셨기에) 공의의 하나님으로는 자기가 구원, 예정한 자를 위하여 목숨을 버려 사심을 보여 주고 대가를 지불하셔야 했는데, 그 대가는 바로 예수님의 십자가 상 죽음이었다. 이것을 하지 않으셔도 하나님께 불공정하다고 항의할 수 없음은 조물주(하나님)와 피조물(인간)의 관계이기 때문이며, 인간은 이 사실을 알아야 한다.

하나님이 예정하지 않은 자들은 "유기된 자들"이다. 하나님의 주권으로 구별하시고, 유기되지 않은 자들(예정된 자들)을 선택하셔서 구원하시는 것이다(Unconditional Election: 무조건적 선택). 모든 사람은 심판이 있을 것이다. 심판을 받지 않고 구원을 받는 것이 은혜인 것이다. 하나님이 하지 않으셔도 되는 십자가의 죽음의 대가를 지불하여 공의와 은혜와 사랑을 보이시는데, 사람들은 언제 하나님이 나를 사랑하였느냐고(말 1:2), 왜 나를 구원하지 않느냐고, 왜 내가 죄를 짓게 하느냐고 한다.

### 4) 자유의지(Free Will)에 대하여

하나님이 인간에게 준 자유의지는 제한적이고 불완전한 자유의지다. 자신의 각오, 체험, 신념, 작심, 선택 등으로 아담이 선악과를 먹는 불복종의 자유의지, 루시퍼가 하극상하는 자유의지, 인간이 생존 기간 동안 선택할 수 있는 자유, 자기 목숨을 끊을 수 있는 자유의지 등이 있다.

그러나 죽음을 앞둔 환자가 살고 싶어 발버둥 치고 애씀에도 자기 생명을 연장할 수 없는 자유의지, 마귀의 유혹에 빠지는 것과 같은 억제하지 못하는 자유의지를 인간에게 주셨으므로, 이것으로는 자기를 구원하지 못한다. 죽은 후 자유의지가 없는 시체가 영생으로 부활하지 못하는 것과 같이 우리에게 주어진 자유의지는 제한된 자유의지이다.

그렇기 때문에 멸망으로 쉽게 가는 자유의지, 구원으로 못 가는 자유의지에 성령께서 간섭하여 중생시키신다. '누구든지 예수를 믿으면 영생을 얻으리라'라는 성경 말씀은 맞으나 누가 믿느냐가 문제이다. 성경을 잘 알고 있는 자유주의 신학자, 지혜로운 과학자, 철학자 등 누가 예수 그리스도를 믿느냐이다. 요한복음 1장 12-13절의 예정된 자, 하늘로서 나온 자들만 예수님을 자기 구주로 받아들인다. 즉 창세전[49]에 죽으신 어린양의 생명책에 기록된 자만이 예수님을 구주로 믿는다. 예수 그리스도의 믿음이 우리에

---

49) 창세전이란 크로노스가 아닌 카이로스를 의미하며, 카이로스는 시간과 공간에 제약이나 제한이 없는 곳이므로 하나님이 계시는 카이로스는 영원한 현재이다. 창세전에 목 베임을 당한 예수님의 십자가 재연에서도, 예수님께서 두 번 죽으셨다는 것이 아니라 삼위의 하나님께서 당신의 열심으로 인간을 위해 성자 예수님께서 죽으실 것이라는 창세전의 결의를 표현한 말이다. 즉 그 시간이 우리에게는 창세전이라 하지만 카이로스에서는 계속되는 현재 진행형의 의미를 가지고 있으므로 하나님의 계획과 목적과 뜻이 절대적으로 섭리 가운데 경륜으로 예수님의 십자가 죽음에서 드러난다는 것이다.

게 임하여 그 은혜로 구원되는 것이다.

 자기 자유의지나 선행으로 계명을 지켜 구원 받겠다는 바리새인이나, 알미니안주의자들이나, 불교 수행자들이나, 어떤 기독교 교파들은, 예수 그리스도의 피로 우리를 사서 구원하신 큰 은혜를 모독하므로 영벌을 면치 못할 것이다. 복스럽게도 창세전에 예정되어 구원의 반열에 속함을 하나님께 감사드리지 않을 수가 없다. 저항할 수 없는 불가항력적인 감사와 은혜이다.

 예정된 사람들을 구원하시는 시기는 개인마다 다를 수 있다. 배 속에 있던 야곱과 에서, 다메섹 도상의 바울, 십자가 상의 한쪽 강도 디마스(Detmas)가 그 예다. 우리는 모르지만 하나님께서 예정하신 자를 찾아 추수하시는 것이다. 좁은 문으로 가는 자는 적으므로 만인구원론은 비성서적이다. 십자가 상의 대속은 예정된 자를 위한 제한된 것이다. 만일 하나님이신 예수님이 모든 인간의 죄를 십자가 위에서 대속하여 주셨다면, 최후 심판은 불필요해진다.

 인간이 자기 자유의지로 구원을 받아들이지 않아서 지옥에 간다는 교리는 억지이다. 하나님이 원하셔서 우주를 창조하실 때 작정(plan) 중에 1) 예정하시고, 2) 피 흘리신 어린양 예수의 생명책

(Book of Life)에 기록하시고, 3) 자기 자녀를 그 은혜의 영광의 찬양물로 삼으시고, 4) 빛과 소금으로 이 세상에 보내셔서, 5) 제한된 자유의지에 성령님의 감동 감화로 성화시키시고, 6) 의의 길로 인도하시어 7) 영생으로 부활시키신다. 이는 하나님의 체면, 곧 이름을 위함이다(시 23:3).

## 2. 은혜구원과 과학에 대하여

필자는 성경의 핵심인 은혜구원에 관해 또 다시 강조하며, 끝맺는 말로서 하나님을 증명하는 지름길인 과학에 대해 다시 한번 요약하고 마치려 한다(제 6장, 노아의 방주 구조와 심판의 배경 그리고 제 7장, 방주 안의 8명과 동물의 생존의 비밀은 앞장에서 이미 충분히 서술했음으로, 물론 만족하지는 못하지만 다소 증명되었기에 결론에서는 요약하지 않는다).

구원은 전적으로 조물주의 주권이고 인간은 거기에 반응하는 것이다. 오순절 이후 하나님이 매일 3,000명, 5,000명씩 더해 주셨다고 기록하고 있다. 그들은 하나님을 믿게 되었지만 실제로는 성령님이 중생시키신 것이다. 아버지께서 이끌지 않으시면 아무도 내

게로 올 수 없다고 예수님이 말씀하신다(요 6:43). 창세전에 예정하시고 생명책에 기록된 자를 위하여 창세전에 피 흘려 죽으시고, 그 피로 사신 자녀들은 일회적으로 구원하고 성화시키심으로 한 번 받은 구원은 잃어 버리지 않고 견인시켜서 책임지고 구원하신다.

보혈을 흘려 사셨으므로 가룟 유다 같은 제자는 회심하고 말씀도 듣고 성령의 동역자로서 귀신도 쫓아냈지만, 생명책에 기록되지 못한, 마귀에게 속한 자식이라고 말씀하신다. 그에게는 구원에 이르는 회개가 있을 수가 없었다. 성령님이 회개시키지 않으셨다. 구원은 얻었다가 잃었다가 하지 않는다. "하나님의 선한 말씀과 내세의 능력을 맛보고도 타락한 자들은 다시 새롭게 하여 회개하게 할 수 없나니 이는 그들이 하나님의 아들을 다시 십자가에 못 박아 드러내 놓고 욕되게 함이라"(히 6:5-6). 이들은 생명책에 기록되지 않았으므로 가룟 유다와 같이 나중에 타락한다는 말이다.

이중구원론이란 없다. 고린도전서 9장 27절에 "내가 내 몸을 쳐 복종하게 함은 내가 남에게 전파한 후에 자신이 도리어 버림을 당할까 두려워함이로다"란 말씀은 바울 사도가 구원을 잃을까 하여 하는 말이 아니다. 생명책(Book of life)에 기록된 자나 기록되지 않은 자나, 구약에서는 책의 구별 없이 모두 생명책(Book of life)이라고 기록되었으나 잘못된 오역이다. 생명책이 아니라 생존책(Book of Living)이다. 이 책은 생명책과 달리 인간의 생사, 수명 등이 기록된 살생부적 의미를 가진 책이기에 모세도 엘리야도 생존책에서 제하여 죽여 달라고 기도한 것이지(출 32:32), 생명책에서 제하여 달라는 기도를 한 것이 아니다. 생명책의 기록은 모세나 엘리야나 우리 같은 인간의 소관이 아니기 때문이다.

참고로 기념책(Book of Rememberance)은 우리의 행위가 기록된 책으로(말 3:16) 최후 심판 때 행위대로 상벌 받는 책이라고 기록되어 있다(계 20:12-15). 예정되어 구원된 자에게서 나오는 행위가 불신자에게는 구원의 방법처럼 보이는 것뿐이다. 이는 성령님의 성화 과정이 밖으로 보이는 열매로, 성령님이 구원을 행하시는 것이다. 바울 사도도 바울 서신에 구원 예정을 설명했는데, 바울의 기술 방법의 예정을 잘 이해하지 못하는 학자가 잘못 번역하여 출판된 초창기 성경 때문에 현재까지 오해가 많다고 생각한다.

그릭 성경(헬라어 성경)에 "목 베임을 당한 어린양(Slain Lamb)"이 한글 성경에는 "죽임을 당하신"으로 번역되었다. 2,000년 전 초림 때의 십자가 죽으심이 없었더라면 어떻게 목 베임이 설명될 수 있겠는가. 단 한 번의 제사로 대속하심을 우리에게 보여 주신 것을 구원책인 성경에서 종합적으로 깨달을 수 있다(계 13:8). 이것을 보혜사 성령님이 주시는 명철, 조명 또는 깨달음이라 한다. 시공간에 있는 우주가 아닌 카이로스는 우주 밖에 있는 보좌이며, 카이로스(Καιρός, Kairos)에서 우주를 만드실 때 그렇게 예정구원 하심을 말씀하고 계신다.

  창세전에 목 베임을 당하셨다는 것을 두 번 죽으셨다고 오해하는 것은 성경 전체적으로 바른 이해가 아니다. 생명책에 기록된 자가 구원 예정된 자이고, 그들을 어린 양의 피로 사셨으며 목 베임을 당하시고, 십자가 상에서 대속하시고, 보증하셨다는 뜻이다. 2,000년 전 예수 그리스도의 초림은 1) 임마누엘 즉 하나님이 인간으로 우리에게 친히 오셔서 보이고, 2) 인간으로 우리에게 자기가 계셨던 카이로스(Καιρός, Kairos)를 소개해 주시고, 3) 창세전 대속을 십자가 상에서 보여 주시고, 4) 우리를 부활시키실 것을 약속하시듯이 부활하시고(부활체로 우리에게 보여 주시고), 5) 보혜사 성령님을 보내셔서 6) 죄와 의와 심판에 대해 우리 같은 후세 사람들을 깨우쳐 주신다고 약속하시고, 7) 카이로스(Καιρός, Kairos)로 원위치 승천하시고, 8) 최후 심판을 위하여 맨션을 준비한 후에 재림하겠다고 약속하셨기에 감사할 따름이다. 예수님의 초림이 없었다면, 지금의 기독교는 없었고 유대교만 있었을 것이다.

'기독교가 무엇인가'라고 묻는다면 "예수님이 내 속에 거하시는(임마누엘) 중생된 자, 곧 내가 기독교입니다"라고 말할 수 있어야 한다. 또한 자유의지의 항복, 순종하는 삶이 되도록 성령의 열매가 맺히는 삶이 되어야 한다. 완전 구원은 영생이다. 우리는 세상 살 동안 성령님의 성화 작용으로 성령의 열매가 맺히고, 견인하시는 하나님께 순복하며, 구원해 주신 은혜의 영광스런 찬양물이 되어야 한다.

## 3. 끝맺는 말(과학에 대하여)

성경이 비과학적이라고 비난하는 과학자가 많다. 과학은 조물주 하나님의 창조물을 연구하는 학문이지만, 하나님의 섭리나 창조를 기록한 성경을 부정하기에는 미흡하다. 예를 들면, 물리학은 하나님이 창조하신 모든 물질이 원소로 되었다는 것이고, 원소는 그 속의 원자 주위를 전자가 움직이는 것은 알지만 양자운동 기전과 근원적인 힘은 잘 모른다.

천문학은 하늘의 별들이 왜 타원형으로 공전하는지, 어떻게 빛을 내는지, 크기는 어떠한지 등을 연구하지만 블랙홀 등 우주 공간의 구성 요소도 잘 모른다. 수학은 평면적인 구구법을 외워서 가감승분 할 수는 있으나, 움직이는 물체, 즉 유체, 기체, 고체의 변화를 계산하는 입체적이며 동적인 미적분으로도 원이나 각을 정확히 삼등분하지 못한다.

의학의 경우도 인간 염색체 끝에 있는 텔로미어(Telomere)를 연장하는 방법을 몰라 하나님이 노아 홍수 심판 때 인간의 텔로미어를 짧게 하여 120세로 단명시킨 것을 노아 이전의 수명으로 원상복구하지는 못한다.

이 모든 학문이나 과학은 우리 인간의 본능인 자유의지에 기초한 생존 기능의 한 방편일 뿐, 조물주 하나님의 권능(Almighty)에는 미칠 수가 없으니 항복해야(surrender) 한다. 그러나 선악과 양심의 소유자인 인생들은 계속 도전하고 반항한다. 아무리 그래도 성공하지 못한다는 결론이 이미(성경으로) 제시되었음을 우리는 주지해야 한다. 이것이 조물주와 피조물과의 시스템이며 관계이다.

아직도 인간들은 조물주 하나님의 섭리를 인정하지 않고 부정적으로 생각하려고 노력 중이다. 그러나 성경을 이해하는 크리스천들은 벌써 그 결론을 알고 있다. 아인슈타인(Einstein)의 특수 상대성 이론에 의하면 성도들은 벌써 천국에 가 있는, 시공간을 초월해서 미래를 시간 여행한 선택 구원된 인간들이라는 결론이 나오고, 이 개념은 우리가 이 세상에서도 천국에서 산다는 해석이 된다. '너희는 세상의 빛과 소금이다'라고 한 조물주 예수님의 말씀을 생각해 보자. 이와 같이 과학은 하나님을 인정하는 지름길이고 그 목적으로만 사용되어야 한다고 사료된다.

창세기는 완전 타락된 인간 중에서 예정 선택된 일부를 조물주 하나님의 은혜와 사랑으로 구속, 구원하시는 하나님의 경륜, 뜻, 의도를 끝까지 구체적으로 표현한 기록이다. 창세전에 목 베임을 당한 어린양(예수 그리스도)으로 하나님의 공의로우심을 충족하시기 위하여 하나님 자신, 즉 예수 그리스도의 크로노스 탄생(임마누엘), 대속, 부활, 승천의 재연으로써 예정된 자들에 대한 은혜구원을 예표하신 카이로스적인 창세기의 기록은 우리가 생존하는 크로노스에서 이루어지고 이루어질 카이로스적인 표현이다.

은혜로 구원된 인간, 부활체의 카이로스에서의 하나님과 연합(영생), 조물주 하나님의 창조, 대속, 은혜구원의 총괄적인 섭리가 보혜사 성령님의 조명으로 이해되고 증명되는 믿음이 있기를 기원한다.

# 창세기와 홍수 심판

1판 1쇄 인쇄 _ 2024년 3월 20일
1판 1쇄 발행 _ 2024년 3월 25일

지은이 _ 윤세웅
편집인 _ 이현숙
펴낸이 _ 이형규
펴낸곳 _ 쿰란출판사

주소 _ 서울특별시 종로구 이화장길 6
편집부 _ 745-1007, 745-1301~2, 743-1300
영업부 _ 747-1004, FAX 745-8490
본사평생전화번호 _ 0502-756-1004
홈페이지 _ http://www.qumran.co.kr
E-mail _ qrbooks@daum.net / qrbooks@gmail.com
한글인터넷주소 _ 쿰란, 쿰란출판사
페이스북 _ www.facebook.com/qumranpeople
인스타그램 _ www.instagram.com/qrbooks
등록 _ 제1-670호(1988.2.27)
책임교열 _ 이화정·오완

© 윤세웅 2024  ISBN 979-11-6143-930-3 03230

책값은 뒤표지에 있습니다.
이 출판물은 저작권법에 의해 보호를 받는 저작물이므로 무단 복제할 수 없습니다.
파본(破本)은 구입처에서 교환해 드립니다.